आन्ध्र लोक साहित्य में उत्तर रामायण

आन्ध्र लोक साहित्य में उत्तर रामायण

प्रो. आई.एन. चन्द्रशेखर रेड्डी

वाणी प्रकाशन

वाणी प्रकाशन
4695, 21-ए, दरियागंज, नयी दिल्ली 110 002
शाखा
अशोक राजपथ, पटना 800 004

फोन : +91 11 23273167 फ़ैक्स : +91 11 23275710

www.vaniprakashan.in
vaniprakashan@gmail.com
sales@vaniprakashan.in

In Association with

ESTD.-1986

Ayodhya Shodh Sansthan
presents
ANDHRA LOK SAHITYA MEIN UTTAR RAMAYAN
by Prof. I.N. Chandrashekhar Reddy

ISBN : 978-93-5229-660-6
Culture/Religion

प्रथम संस्करण
मूल्य : ₹ 250

वी.पी. प्रिंटिंग प्रेस, दिल्ली-110 093 में मुद्रित

वाणी प्रकाशन का लोगो मक़बूल फ़िदा हुसेन की कूची से

प्रस्तावना

लोक साहित्य अनंत अनिर्णीत काल का निरंकुर सुषुप्त बीज है। वह अंतहीन, अंतिम रूप हीन, अमलिन, अनुभवों से चिर संचित अलिखित अक्षय भंडार है। साहसी संग्रहकर्ताओं की कलमों की पुकार से अनहद करते हुए वह अतल से पृथ्वी की अंधपरतों को छेदते हुए प्रस्फुटित होनेवाला बीजांकुर है। हाल ही में समाज में अपने लिए एक विशिष्ट स्थान बनानेवाला लोक साहित्य प्रवर्धमान चिरपरिवर्तनशील व चिरनवीन है। लोक साहित्य एक जाति विशेष की सभ्यता-संस्कृतियों को अपने में समेट कर आनेवाली पीढ़ी को पहुँचानेवाली अनर्घ अमूल्य निधि है। सुख-दुखों के द्वन्द्व से बने मानवेतिहास को समरस भाव से निधड़क उच्चस्वर में उद्गीत करनेवाला लोक साहित्य कई युगों तक जनता के आश्रय से वंचित रहा है। काल प्रवाह में काफी कुछ अपने को न्यौछावर करके भी वह बचे खुचे अपने को बटोर कर बाहर निकलनेवाले सहृदय अन्वेषकों का अंतहीन इंतजार कर रहा है। अनंत काल गर्भ में अपनी असीम शक्ति से वह जनता को अभिभूत करता आ रहा है। फलस्वरूप संग्रहकर्ताओं के सत्प्रयासों से यहाँ-वहाँ यह मोहज्जवल लोक निर्झरी अपने निराकार को त्याग करके साकार दर्शन दे रही है। जानपदों के कंठ में ही अनवरत बहनेवाली इस चंचल गतिमान लोक-निर्झरी को लुप्त होने से बचाने की दिशा में यह लघु प्रयास अपनी सफलता को देखता है।

भक्त और भगवान को जोड़ने वाली कड़ी भक्ति है। अतिदुर्लभ भगवत प्राप्ति को 'भक्ति' सुलभ बनाती है। भक्ति साहित्य भक्ति-साधना को सुलभ बनाने का सरल साधन है। भक्त-कवि-गायकों ने भक्ति साहित्य को जन प्राचुर्य बनाने उसे गीतों में ढाला है। संगीत और साहित्यों का मधुर संगम भक्ति साहित्य में देखा जा सकता है। भारतीय भाषाओं में बड़ी मात्रा में उपलब्ध होनेवाला भक्ति साहित्य शतप्रतिशत तो न सही उसका अधिक भाग गीतिकाव्य, संकीर्तन, पद कविता, कीर्तन, कृति आदि कई रूपों में गेयता को ही अपना मूल प्रतिपाद्य मानता है। गीतों के रूपों में होने के कारण वह नीरस व शुष्क भक्ति दर्शन को अपने मधुर प्रेम रस में भिगोकर उसे जन रंजक एवं सरस बनाने में अत्यंत सफल हुआ है। द्रविड वेदज्ञ नालाइरा दिव्यप्रबंधकर्ता आलवार भक्तों से लेकर अन्नमाचार्य, क्षेत्रय्या, त्यागराजु, रामदासु, पुरंदरदासु, सूरदास, मीराबाई जैसे महान भक्त कवियों ने जन बाहुल्य को सम्मोहित करने के लिए इसी गीतितत्व को अपनाया था। शास्त्रबद्ध सांप्रदायिक संगीत व साहित्य से अलग होने पर भी लोक गीत भी भक्ति साहित्य के इसी 'संकीर्तन' स्वभाव से जुड़ी हुई लोक प्रक्रिया है।

संगीत के रागों के आरोहण अवरोहण नियमादि से अनभिज्ञ होने पर भी जानपदों के सुरीले कंठों से उच्च स्वर में गूँजनेवाले लोकगीत भक्तों के हृदय स्पर्श करके उन्हें ईश्वरोन्मुख बना देते हैं। लोक

गीत भाषा-दर्शन-वेदांत की जटिलता से दूर सर्वसुलभ अनुभाव सार है। साधारण से साधारण लोगों में भगवान के प्रति अपार प्रेम और श्रद्धा भक्ति संचित हुई पायी जाती है। जानपदों की भक्ति सहज, सरल, निर्मल, निराडंबर व अकृत्रिम है। सीधे-सादे, भावुक व्यक्तित्व संपन्न जानपदों को भक्ति साहित्य की शीर्षस्थ उपलब्धियों व पौराणिक कथाओं में भी वे प्रसंग और घटनाएँ ही ज्यादा मार्मिक लगती हैं जिनमें दुष्टों के हाथों में सन्मार्गी संत लोग सताये गये हों। इस कोटि के प्रसंगों से भरी रामायण कथा इसलिए उनको अत्यंत प्रिय लगती है। रामायण कथा में भी जानपदों के हृदयों को जीतनेवाला व सम्मोहित करनेवाला गुण राम की धीरोधात्तता की अपेक्षा सब की आँखों से आँसू बहा सकने वाली लवकुश के दुष्कर व असहनीय वनवास जीवन के अनुभवों में ज्यादा रमता है। इसलिए जन साधारण को भी रसार्थ व तन्मय करनेवाली उत्तर रामायण की कथा उनके लिए अत्यंत लुभावनी बन पड़ी है। इसका साक्ष्य प्रमाण यही है कि लोक गीत गायन से अल्प परिचित लोग भी सर्वप्रथम उत्तर रामायण अंश से जुड़े गीतों को बड़े चाव से गाते हैं। अपने अनुपम आदत-स्वभाव-संस्कारों के अनुरूप 'हरि अनन्त हरि कथा अनन्ता' आर्योक्ति को चरितार्थ करनेवाले अनेक अनोखे प्रसंगों को इस उत्तर रामायण में उन्होंने जोड़ा भी है।

जानपदों की उस अमूल्य अक्षय निधि से एक लंबे कथा गीत को चुनकर इस पुस्तक के परिशिष्ट भाग में संचित किया गया है। उत्तर रामायण का यह लंबा लोक कथा गीत आंध्र प्रदेश के कर्नूल जिले में नंद्याल शहर व उसके परिसर में अत्यंत प्रचलित है। इस कथागीत के छोटे-छोटे अंशों को घर में और घर बाहर काम धंधे निपटाते हुए विविध संदर्भों में गाने पर भी कथा गीत के रूप में आराम और फुरसत के समय ही गाते हैं। घरेलू वातावरण में खासकर शिवरात्रि, वैकुंठ एकादशी जैसे पर्व दिनों में स्त्रियों को एकजुट होकर इस कथा गीत को गाते व सुनते तादाम्य होते देखा जाता है। तीज-त्योहारों के दिनों में रात-जागरण करते स्त्रियाँ समय काटने तथा पुण्य कमाने के साधन के रूप में इसे गाया करती हैं। इसके अतिरिक्त इस कथा गीत के कुछ अंशों को खेत में काम करते समय व घर में बच्चों को सुलाने के लिए लोरी गीतों के रूपों में भी गाते हैं। आज मानव जीवन जितनी तेजी से विकसित हो रहा है उतनी ही तेजी से नये-नये जीवनोपयोगी उपकरणों का आविष्कार हो रहा है। उनका जीवन पर प्रभाव अनिवार्य है। तीज-त्योहारों के दिनों में रात-जागरण करते इन कथा गीतों के श्रवण-पाठन की जगह आज दूरदर्शन, सिनेमा आदि कई नये-नये मनोरंजन व दूरसंचार के साधन उपलब्ध हो गये हैं। इस प्रकार की जटिलावस्था में निर्वासन के निकट पहुँचने पर अनेक अविरल प्रयासों के बाद प्राप्त क्षेत्र विशेष की संस्कृति को अपने में समाहित करनेवाले लोकगीत रूपी इस राष्ट्रीय लोक संपदा को आगे आनेवाली पीढ़ी के लिए सुरक्षित रखना अत्यंत आवश्यक है। इसी श्रम साध्य दिशा में यह लघु प्रयास अपनी उपलब्धि को देखता है।

आंध्र संस्कृति को परावर्तित करनेवाले इस कथागीत को व्यापक परिप्रेक्ष्य में पहचानने और परखने हेतु, एतदद्वारा हिंदी भाषी व हिंदी प्रेमी बन्धुओं को आध्र लोक रामायण से अवगत कराने हेतु मैंने प्रस्तुत तेलुगु उत्तर रामायण का नागरी लिप्यंतरण तथा हिंदी अनुवाद किया है। इसके साथ साथ 'परिशिष्ट में संगृहीत उत्तर रामायण का कथा वैभव' प्रकरण में लिप्यंतरित एवं अनूदित इस कथागीत का सारांश व वस्तुगत बोध कराने का विपुल प्रयास भी किया है। इसके अतिरिक्त समीक्षा

के दौरान उदाहरण के रूप में प्रस्तुत सभी लोक गीतों का नागरी में लिप्यंतरण किया है। लिप्यंतरित इन उदाहरणों के नीचे उनका सरल गद्यानुवाद भी प्रस्तुत किया है।

परिशिष्ट में संगृहीत उत्तर रामायण के इस लंबे कथागीत के साथ-साथ आंध्र लोक रामायण व लोक कथागीतों पर प्रकाश डालने के लिए आठ प्रकरणों में कुछ मुख्य-विषयं की चर्चा की गयी है। लोक साहित्य की विशेषताएँ और उसमें कथागीतों का महत्व, लोक साहित्य और भक्ति साहित्य का आपसी संबंध, आंध्र लोक साहित्य में रामायण-महाभारत कथाओं का चित्रण, अब तक हुए आंध्र लोक रामायणों के संग्रह कार्यों का सर्वेक्षण, आंध्र लोक रामायण और उनका स्वरूप, आंध्र लोक रामायणों में अनोखे ढंग से चित्रित अवाल्मीकीय अंश, आंध्र लोक साहित्य में उत्तर रामायण की विशिष्टता, परिशिष्ट में संगृहीत उत्तर रामायण का कथा वैभव आदि विषय क्रम से इन आगे के प्रकरणों में चर्चित हैं।

अशिक्षित होते हुए भी मेरी शिक्षा-दीक्षा की मूल प्रेरणा बनी मेरी माताजी के प्रेम-सहयोग से ही इस कथा गीत को लिपिबद्ध करना मेरे लिए परम सौभाग्य की बात है। इस लघु प्रयास की प्रेरणा, प्रोत्साहन आदि सभी उन्हीं की देन है। मेरे श्रद्धा-सुमन व कृतज्ञतांजली की आदिवरणीया वे ही हैं। इस लघु प्रयास में अपने अमूल्य गीतों के द्वारा मुझे प्रत्यक्ष व परोक्ष रूप से सहायता पहुँचानेवाले उन सभी लेखकों और मित्रों का भी मैं अत्यंत आभारी हूँ।

यह प्रयास हिंदी में तेलुगु लोक साहित्य संबंधी पुस्तकों के अभाव को कम करने में अपनी सफलता देखेगा। आशा है कि सहृदय लोक साहित्य प्रेमी इसका रसास्वादन करके इस लघु प्रयास को सस्नेह अपनायेंगे।

प्रो. आई.एन. चन्द्रशेखर रेड्डी
एमिरिटस प्रोफेसर, हिन्दी विभाग,
श्रीवेंकटेश्वर विश्वविद्यालय,
तिरुपति

अनुक्रम

लोक साहित्य : कथा गीत

जीवन के उतार-चढ़ाव किंवा सुख-दुखों से नित्य जूझते हुए उनसे प्रतिस्पंदित होकर प्रतिक्रियात्मक अभिव्यक्ति करने की सृजनात्मक क्षमता मात्र मनुष्य में है। मनुष्य को अन्य प्राणियों से अलग महत्व प्रदान करनेवाले मूलभूत तत्व भी विचारसंप्रेषण शक्ति व अभिव्यक्ति की वैचारिक शक्ति ही है। ईश्वर ने अन्य जीवजंतुओं से अलग यह बहुमूल्य शक्ति व संपत्ति केवल आदमी को ही प्रदान की है। ईश्वर प्रदत्त इस अनुपम शक्ति के द्वारा अपने जीवन को सतत सुखमय बनाने के सत्प्रयासों ने मानव सभ्यता और संस्कृति का शिलान्यास किया है। भाषा वैज्ञानिकों का यह विचार है कि आदमी अनेक युगों तक भगवत्कृपा से प्राप्त अपनी इस विचार संप्रेषण व विचार-विनिमय शक्ति का उपयोग मौखिक ही करता रहा। कई सालों के बाद इस शक्ति के साथ अपनी बुद्धि व जीवन से प्राप्त अनुभूति सत्य के बल पर उसे और विकसित करके एक नया, स्थिर व शाश्वत रूप प्रदान करने के मोह ने लिपि का जन्म दिया। इससे स्पष्ट ध्वनित होता है कि भावनाओं के संप्रेषण की अपेक्षा उन्हें लिपिबद्ध करने की घटना अर्वाचीन है।

भारतीयों के सबसे प्राचीनतम भाव-ज्ञान उद्धार वेद वाङ्मय ही हैं। प्रारंभ में वेद लिपिबद्ध नहीं थे। वे अनुश्रुत ग्रंथों के रूप में अनेक युगों तक जनता के कंठ में ही वास किया करते थे। यह बड़ी विलक्षण प्रतिभा का परिणाम है कि भाषा के जटिल नियमों के बगैर वेद अनेक युगों तक जनता की जीभ पर ही सुरक्षित रहे। ध्वनि, शब्द, वाक्य आदि भाषिक इकाइयों को अपरिवर्तनीय रखने के लिए उनकी कठोर-निष्ठा, श्रद्धा-भक्ति सर्वथा सराहनीय है। लिपि के आविष्कार के साथ अपनी भावनाओं को स्थाई रूप प्रदान करने के लिए आदमी के स्वार्थ ने अपनी असीम अभिव्यक्ति की गरिमा को सीमाबद्ध किया है। क्योंकि आज भी आदमी न तो अपनी संपूर्ण भावनाओं को भाषा के द्वारा अभिव्यक्त करने में समर्थ है न ही अभिव्यक्त भावनाओं को पूर्ण रूप से लिपिबद्ध करने में। अतः भाषा व लिपि के कारण आदमी की भावाभिव्यंजना की सीमाएँ निश्चित हो गयी हैं। पंडितों के द्वारा लिखित शिष्ट साहित्य भाषा-लिपि की इन शृंखलाओं से जकड़ने पर भी लोक साहित्य उनसे परे आदमी के भाव-विचारों के सहज संप्रेषण का अक्षय भंडार रहा है। इसलिए लोक साहित्य की शक्ति असीम है। अपनी भाव-सुगंध अजस्र गति से सर्वत्र बिखेर कर सब को समान रूप से प्रभावित करने में वह अत्यंत सक्षम है। आदमी के सुख-दुखों से जुड़े रहने के कारण वह चिरंतन है और चिरनवीन भी है। वह मनुष्य जीवन के अनुकूल चिर संचित जाति विशेष की अक्षय-कला-निधि है।

लिपिबद्ध प्राचीनतम ज्ञान-स्रोत भंडार वेद विषय-विश्लेषण की जटिलता के कारण सर्वग्राह्य नहीं रहे। अध्ययन-विश्लेषण की अनुकरण की जटिलता के कारण वेद जन सुलभ नहीं बन पाये हैं।

वेदों के बाद वेदों की तरह ज्ञान-विज्ञान के अन्यतम स्रोत रामायण, महाभारत, महाभागवत आदि पौराणिक ग्रंथ लिपिबद्ध हुए हैं। वेदों की तुलना में ये पौराणिक महाकाव्य अध्ययन-विश्लेषण-आस्वादन की दृष्टि से सरल होने के कारण जन सुलभ व लोकप्रिय हुए हैं। युगानुरूप, जीवन के सापेक्ष्य में लिखे गये पंडितों के ये शिष्ट पौराणिक महाकाव्य आदर्शों के बंधनों में जकडने के कारण कुछ सीमा तक कृत्रिम ही हुए हैं। लेकिन नियम व कृत्रिम संस्कारों से परहेज रखनेवाले जानपद के इन पौराणिक कथाओं को भी अपनी इच्छा और अनुभवों के अनुकूल बदल लिया है। उनकी रसास्वादन व जीवन दृष्टि हमेशा सहज एवं अनोखी होती है। पौराणिक कथाओं में जहाँ जहाँ कठिन, जटिल व कृत्रिम प्रसंग हैं वहाँ उन्होंने अपने स्वभाव एवं संस्कारों के अनुरूप उन्हें बदल लिया है। इसलिए इन लोक कवियों के द्वारा लिखित रामायण, महाभारत, महाभागवत आदि पौराणिक कथाएँ पंडितों के द्वारा लिखित रचनाओं से भिन्न अनेक विचित्र एवं विलक्षण प्रसंगों एवं घटनाओं से ओतप्रोत दिखाई पड़ती हैं। यह हमेशा मतभेद का विषय रहा है कि पौराणिक कथा लेखन में लोक कवि पंडितों से प्रभावित हुए हैं या पंडितों ने लोक कवियों से प्रभावित होकर इनका अनुकरण किया है। लोक साहित्य पर काम करनेवाले अधिकांश विद्वानों ने इन दोनों को परस्पराश्रित माना है। इस संदर्भ में प्रसिद्ध लोक साहित्यविद् डॉ. त्रिलोचन पांडेय जी के निम्न विचार उल्लेखनीय हैं–'लोक वार्ता और साहित्य के संबंध अन्योन्याश्रित हैं। यदि साहित्य के रचयिता अपनी रचना प्रणाली में विभिन्न लोक तत्वों का प्रत्यक्ष या परोक्ष रूप से समावेश करते हैं तो साहित्य भी लोकवार्ता को प्रभावित करता है। साहित्य के विविध रूप जिन जातीय विशेषताओं पर प्रतिष्ठित हैं वे विशेषताएँ लोक समुदाय के जीवन से संबंध रखती हैं। प्रत्येक देश का आदिकालीन साहित्य मुख्यतया लोकतात्विक ही होता है और कालांतर में ये लोक तत्व उसमें स्थायी रूप से विद्यमान रहते हैं। जब कभी साहित्यकार जनता के अत्यधिक निकट पहुँचना चाहता है तो वह सर्वप्रथम जनता की लोकवार्ता से संपर्क स्थापित करता है।'[1] जो भी हो लोक कवियों के द्वारा रचित पौराणिक काव्यों में पंडितों की रचनाओं में अनुपलब्ध अनेक विचित्र मोड़, चमत्कारी घटनाएँ एवं विलक्षण प्रसंग दिखाई पड़ते हैं। इसलिए रसास्वादन में रोचकता, नवीनता, और विलक्षणता की अपेक्षा करनेवाली आम जनता के लिए लोक रामायण, महाभारत, भागवत आदि पौराणिक काव्य अत्यंत प्रिय हुए हैं।

जो स्थान शिष्ट साहित्य में पद-कविता व गीति काव्य के लिए दिया जाता है। वही स्थान व उससे बढ़कर पद लोक साहित्य में लोक गीतों को दिया जाता है। वैसे लोक साहित्य में लोक गीतों की अत्यंत महत्वपूर्ण शाखा मानी जाती है। गीतितत्व अतिप्राचीन है। आदमी के हृदय को अतिनिकटता से स्पर्श करके उसे आह्लाद पहुँचाने की शक्ति गीतितत्व में मौजूद है। आदमी के मन को सबसे ज्यादा प्रभावित करने का सुलभ साधन भी गीति तत्व ही है। गीति तत्व से आकर्षित होना आदमी की आदिम वृत्ति है। भावनाओं और विचारों की वाचिक भाषा में इसी गीति तत्व के कारण ही वाचक शक्ति किंवा उसकी संप्रेषण-शक्ति में वृद्धि होती है। गीति तत्व के इस महत्व को स्वीकारते हुए भाषा-वैज्ञानिक किंवा भाषा-शास्त्रियों ने भाषा की उत्पत्ति तक को गीति तत्व के साथ (सिंगिंग स्पिरिट) जोड़ दिया है। प्रसिद्ध तेलुगु आलोचक विद्वान श्री राह्लपह्लि अनंत कृष्ण शर्मा के अनुसार आदिम मानव ने अपने चारों तरफ के चित्र विविध मन भावनेवाली रमणीय प्रकृति के दर्शन से पुलकित

होकर नृत्य करते हुए अपनी भावनाओं को संगीत के माध्यम से व्यक्त करने का जो प्रयत्न किया था। वही कविता के जन्म की आधारशिला बनी। खेल-खेल में गाने के कारण उसका नाम 'क्रीड़ागीत' व नृत्यगीत रखा गया। इसलिए यह मानना उचित होगा कि गेय पद और पद्य कविताओं में गेयपद ही प्राचीनतम है। फिर गेयपद कविता से पद्यकविता का जन्म हुआ है। आदमी की आदिम वृत्ति से जुड़े हुए इस गीतितत्व को लोक साहित्य में भी उच्चतम स्थान दिया जाता है। गीति तत्व के समूचे लक्षणों को संतुष्ट कर सकनेवाले लोकगीत लोकवार्ता में सबसे उच्चतम स्थान के अधिकारी हैं। तेलुगु लोकवार्ता में ये लोक गीत न केवल बड़ी मात्रा में उपलब्ध होते हैं बल्कि तेलुगु प्रदेश की चारों दिशाओं में अत्यधिक लोकप्रिय भी हुए हैं।

गीत में संगीत और साहित्य दोनों का समान महत्व रहता है। संगीत के बगैर साहित्य अपने पूर्णत्व को प्राप्त नहीं कर सकता है। इन दोनों क्षेत्रों में पुरुषों का योगदान ही ज्यादा है। इसलिए संगीत और साहित्य आदि ललित कलाओं में स्त्रियों की अपेक्षा पुरुषों को ही आदि स्थान दिया जाता है। जब कि लोक साहित्य में इन दोनों में आधिकारिक स्थान स्त्रियों का है। संगीत और साहित्य से सम्मिलित लोक गीतों को गाते हुए प्रायः हम स्त्रियों को ही ज्यादा देखते हैं। मानना पड़ेगा कि लोक गीतों से स्त्रियों का अटूट संबंध है। इसलिए तेलुगु लोक साहित्य में स्त्री गीतों को ही एक महत्वपूर्ण स्थान दिया जाता है। स्त्रियों के सुमधुर, कोमल, मनोहर कंठ से विविध संदर्भों में गाये जानेवाले गीत सहृदयों में भावोद्वेग पैदा करने में अत्यंत सक्षम हैं। आंध्र प्रांत की स्त्रियाँ प्रातः उठने से लेकर रात को घरेलू कामों से निपटकर सोने तक उठते-बैठते, खाते-पीते, अनेक प्रकार के लोक गीत गाती हैं। वे प्रायः काम करते गीतों को व गीतों में खोकर घरेलू कामों से निपटती हैं। लोरी गीत, धान कूटन के गीत, सयानी गीत, जांतगीत, रोपन सोहनी के गीत आदि इसी प्रकार विविध संदर्भों में स्त्रियों के द्वारा गाये जानेवाले लोक गीत हैं।

लोक साहित्य वर्ग वैषम्य भाव से कोसों दूर रहनेवाला है। अमीर से अमीर गरीब से गरीब इनके गाने के अधिकारी हैं। इतना ही नहीं लोक साहित्य समाज के सभी वर्गों की जनता को समान रूप से प्रभावित करके उनमें मानसिक उल्लास पैदा कर सकनेवाला सशक्त साधन भी है। इतनी बड़ी अनोखी क्षमता शक्ति शायद ही हम अन्यत्र देख सकते हैं। अध्ययन विश्लेषण की सुविधा के लिए विषय और संदर्भ के आधार पर स्त्रियों के द्वारा गाये जानेवाले लोकगीतों का अनेक वर्गों में वर्गीकरण किया जा सकता है। स्थूलतः स्त्रियों के गीतों को दो वर्गों में रखा जाता है।

1. आभिजात्य वर्गीय स्त्रियों के गीत व सांप्रदायिक स्त्रियों के गीत।
2. जानपदीय स्त्रियों के गीत व श्रमिक स्त्रियों के गीत।

भाषा संबंधी अंतर ही इन दोनों का सबसे बड़ा आधार बिंदु है। सांप्रदायिक स्त्रियों के गीतों की भाषा परिमार्जित, शुद्ध और शिष्ट होती है। तो श्रमिक स्त्रियों के गीतों की भाषा बोली विशेष, व्यावहारिक जनांचलिक होती है। तेलुगु में स्त्रियों के गीतों पर विशेष कार्य करनेवाले प्रसिद्ध लोक साहित्य विद् डॉ. जी.यस. मोहन जी ने स्त्रियों के गीतों का एक वर्गीकरण प्रस्तुत किया है। वह निम्नांकित है--

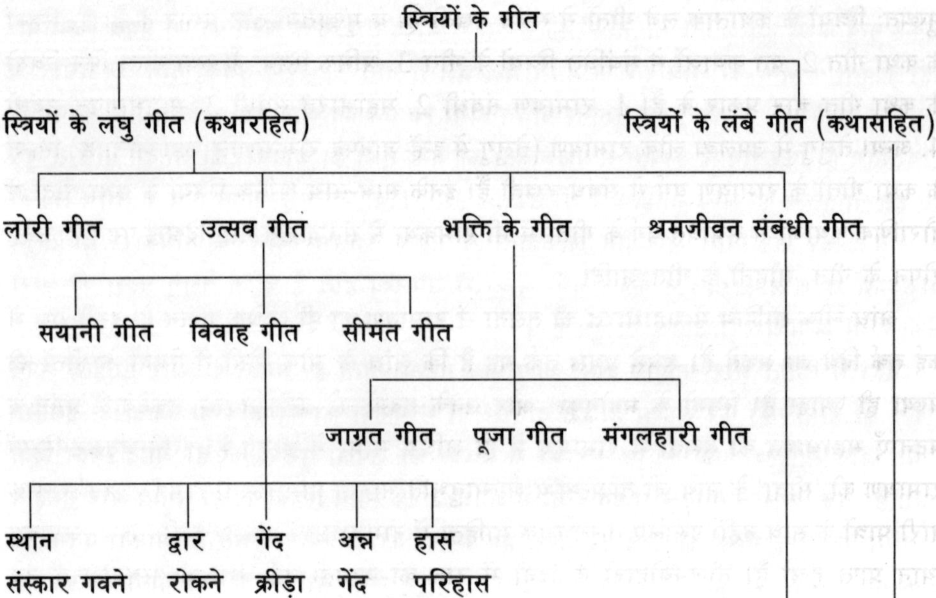

इन दोनों वर्गों की स्त्रियों के गीतों में वस्तुपरक व विषयपरक अंतर ज्यादा दिखाई नहीं पड़ता है। परन्तु उनके स्वरूप और आकार में थोड़ा सा अंतर अवश्य दिखाई पड़ता है। आभिजात्य वर्ग की स्त्रियाँ घरेलू वातावरण में आराम करते समय या फुरसत के समय गानेवाले गीत, कामकाजी श्रमिक स्त्रियों के गीतों की तुलना में अधिक लंबे होते हैं। कामकाजी स्त्रियाँ घर बाहर अनेक प्रकार के काम-धंधे निपटाते हुए गानेवाले गीत आकार में लघु होते हैं।

प्रस्तुत अध्ययन का विषय रामकथा से ही संबंध रखने के कारण पौराणिक गाथाओं से संबंधित वर्ग का विस्तृत वर्गीकरण प्रस्तुत करना उचित होगा। लोक साहित्य में उपलब्ध होनेवाली रामायण

मुख्यतः स्त्रियों के कथात्मक लंबे गीतों से संबंध रखती हैं। वे मुख्यतया तीन प्रकार के हैं। 1. स्त्रियों के कथा गीत 2. व्रत कथाओं से संबंधित स्त्रियों के गीत 3. श्रमिक स्त्रियों के कथा गीत। फिर स्त्रियों के कथा गीत चार प्रकार के हैं। 1. रामायण संबंधी 2. महाभारत संबंधी 3. महाभागवत संबंधी 4. अन्य। तेलुगु में उपलब्ध लोक रामायण (तेलुगु में इन्हें जानपद रामायणालु कहा जाता है) स्त्रियों के कथा गीतों के रामायण वर्ग से संबंध रखती हैं। इनके साथ-साथ श्रमिक स्त्रियों के कथा गीतों में पौराणिक कथाओं से संबंधित वर्ग के गीतों में भी रामकथा से संबद्ध लंबे गीत दिखाई पड़ते हैं। उदा. रोपन के गीत, सोहनी के गीत आदि।

आंध्र लोक साहित्य में महाभारत की तुलना में रामायण का ही अधिक महत्व है। इसके पक्ष में कई तर्क दिये जा सकते हैं। सबसे प्रबल तर्क यह है कि आंध्र के लोक गीतों में स्त्रियों के गीतों की संख्या ही ज्यादा है। स्त्रियों के मनोनुकूल और उनके हृदयों को द्रवीभूत कर सकनेवाले प्रसंग व घटनाएँ महाभारत की तुलना में रामायण में ही अधिक मात्रा में मौजूद हैं। इससे बढ़कर स्त्रियाँ रामायण की 'सीता' के साथ जो तादात्म्य व आत्मानुभूति भावना प्राप्त करती हैं वह अन्य पौराणिक नारी पात्रों के साथ नहीं। इसलिए तेलुगु लोक साहित्य में रामकथा को एक अतुलनीय किंवा अप्रतिम स्थान प्राप्त हुआ है। तीज-त्योहारों के दिनों में रात को जागती हुई आंध्र की स्त्रियाँ लंबे लंबे कथात्मक पौराणिक गीतों को गाना सर्व साधारण है। इन गीतों के अंत में फलश्रुति को देखने से यही स्पष्ट होता है कि ये गीत स्त्रियाँ फुरसत के समय समय काटने व भगवन्नाम स्मरण से पुण्य कमाने के लिए गाती हैं। लंबे-लंबे इन कथात्मक गीतों के लेखकों का सप्रामाणिक स्पष्ट व निश्चित पता नहीं प्राप्त कर सकने पर भी गाने वाले संदर्भ और उनकी उपयोगिता को देखते हुए यह मानना उचित होगा कि वे स्त्रियों का ही संचित अक्षय भंडार है। तेलुगु में स्त्रियों के अनेक पौराणिक कथा गीतों के संकलनकर्ता श्रीकृष्णश्री जी के निम्न विचार यहाँ पर उल्लेखनीय हैं। इन कथा गीतों के कृतिकर्ताओं के संदर्भ में उन्होंने लिखा है कि इनके रचयिता अज्ञात हैं। आदि या अंत में नाम संबंधी उद्गार अंकित करने से ही रचयिता का पता चल सकता है? इस रूप में कहने की अपेक्षा कि इस प्रकार के उद्गार कालांतर में लुप्त हो गये हैं, शुरू से ही नहीं थे कहना ज्यादा उचित होगा। आज तक लेखकों के नाम से कम से कम चार-पाँच रचनाएँ भी पंजीकृत नहीं हुई हैं। शायद पुरुष प्रधान समाज में स्त्रियों ने पुरुषों के सामने अपने नाम प्रकट करके उनको ललकारना उचित नहीं माना होगा। प्रसिद्ध संकीर्तनाचार्य ताल्लपाक अन्नमय्या की पत्नी ने यदि अपना नाम (सुभद्रा कल्याणमु की कवयित्री) प्रकट भी किया है तो उन महान संकीर्तनाचार्य की छत्रछाया में ही कर सकी हैं। इन गीतों की भाषा, शैली, छंद, रस आदि का सूक्ष्म विश्लेषण करने से पता चलता है कि उनके रचयिता पुरुष की अपेक्षा स्त्री होने की अधिक संभावनाएँ दिखाई पड़ती हैं।

इसके अतिरिक्त गीतों में वर्णित घेरलू वातावरण, सरस संवाद, स्त्रियोचित फलश्रुतियाँ, औचित्य को भी नकारते हुए दिखाई पड़नेवाली नारी पक्षधरता आदि को देखते हुए ये गीत स्त्रियों के ही मानना उचित लगता है। इन गीतों में श्रीराम में धीरोदात्त नायक के लक्षणों की परिपुष्टि की जगह सर्वत्र सीता के शील स्वभाव और पातिव्रत्य का ही कीर्तन हुआ है।[2] स्पष्ट है कि सुदूर इतिहास में क्या हुआ है यह कह पाना आज संभव नहीं है। इसलिए निश्चित रूप से कुछ कहना भी असंगत ही

होगा। लेकिन आज उपलब्ध अधिकांश गीतों को गानेवाली स्त्रियाँ ही ज्यादा होने के कारण इनको उन्हीं के नाम से स्वीकारना अथवा उन्हीं को लेखक बनाना उचित होगा।

तेलुगु में उपलब्ध लोक रामायणों का काल निर्णय भी अस्पष्ट किंवा अनिर्णीत है। इस अस्पष्टता के बावजूद भी इस पर थोड़ा सा प्रकाश डालना उचित ही होगा। यह सर्व स्वीकृत विषय रहा है कि लोक वाङ्मय सभ्यता-संस्कृति के सापेक्ष्य जाति-विशेष की प्राचीनतम उपलब्धि है। तेलुगु में आदि कवि नन्नया से पहले ही लोकगीत आंध्र प्रांत में प्रचलित थे। नन्नया के बाद नन्नेचोडुडु, पालकुरिकि सोमनाथुडु जैसे तेलुगु कवियों ने अपने काव्यों में लोक तत्व का यथेष्ट उपयोग किया है। वीर शैव साहित्य ने सबसे ज्यादा लोक तत्व पद्धति को अपना लिया है। ध्यान देने की बात यह है कि इन सभी में छोटे छोटे लोक गीतों का ही अनुसरण पाया जाता है। इस समय तक लंबे गीतों के प्रचलन का कोई आधार नहीं मिलता है। श्रीकृष्ण जी के अनुसार स्त्रियों का सर्वप्रथम लंबा कथा गीत श्रीमती तिम्मक्का का 'सुभद्रा कल्याणमु' ही है। जो सन 1470 में लिखा गया था। इसलिए लंबे-लंबे कथागीत ई. 15वीं सदी के बाद ही जन मध्य में प्रचलित हुए होंगे। स्त्रियों के कथागीतों का काल निर्णय प्रस्तुत करते हुए श्रीकृष्णश्री जी ने एक महत्वपूर्ण आधार का उल्लेख किया है। वह यह है कि सीता के द्वारा 'वामन गुंटलाट' (एक प्रकार का खेल जो इमली के बीजों से काट में छेदों की सहायता से खेला जाता है।) खेल खेलना। 'सीता वामन गुंटलाट' नामक कथा गीत में सीता 'वामन गुंटलाट' खेल खेलती है। यह रचना सर्वप्रथम तमिलनाडु प्रांत में उपलब्ध हुई है। श्रीकृष्णश्री जी का कहना है कि 15वीं सदी तक तमिलनाडु के किसी भी ग्रंथ में इस 'वामन गुंटलाट' का उल्लेख नहीं मिलता है। इसलिए इस बात पर विश्वास प्रबल हो जाता है कि 16वीं सदी में यह तमिलनाडु पहुँचीं। इस तर्क के आधार पर तेलुगु लोकरामायणों में कुछ 16वीं सदी के बाद की हो जाती हैं। इसलिए यह मानना उचित होगा कि तेलुगु लोक रामायणों ने अधिकांश सन् 15वीं सदी के बाद कभी लिखी गयी होंगी व जन मध्य में प्रचलित हुई होंगी। उसी प्रकार परिशिष्ट में संगृहीत तेलुगु जानपद उत्तर रामायण और भी अर्वाचीन होने की संभावनाएँ हैं।

लोकोन्मुख साधना और भारतीय भक्ति साहित्य

मध्ययुगीन भक्ति चेतना ने संपूर्ण भारत को कन्याकुमारी से काश्मीर तक प्रभावित किया है। भक्ति की इस अमृत धारा ने जाति, प्रांत, भाषागत संकीर्णताओं को दूर करके भारतीयों को अलौकिक साधना की ओर उन्मुख किया था। मूलतः भारतीय साहित्य में दो ऐसी विराट व सम्यक चेतन-धाराएँ दिखाई पड़ती हैं। पहली उन्नीसवीं-बीसवीं सदी में राष्ट्रीय आंदोलन से उत्पन्न चेतना और दूसरी उससे अतिप्राचीन मध्ययुगीन भक्ति-चेतना। फिर इस भक्ति-चेतना के दो प्रमुख उत्थान दृष्टिगोचर होते हैं। पहला उत्थान वैदिक -पौराणिक काल में हुआ था। दूसरा शंकराचार्य के अद्वैतवाद की प्रतिक्रिया स्वरूप हुआ है। भक्ति-चेतना के इस पुनरुत्थान के अंतर्गत अनेक धार्मिक संप्रदायों का उल्लेख मिलता है। प्रभाव के रूप में अनेक विदेशी धर्मों का प्रभाव भी। भक्ति-चेतना का यह दूसरा उत्थान धर्मों के परस्पर संघर्ष काल में हुआ था। भक्ति-चेतना के इन दोनों उत्थानों के पीछे एक ही मूल उद्देश्य रहा है। ईश्वरीय साधना या भक्ति की नयी व्याख्या करना व कालांतर में लोक जीवन में हुए परिवर्तनों के सापेक्ष में भक्ति के लोकग्राह्य स्वरूप को निर्धारित करना था। भक्ति क्षेत्र के भारतीय मनीषी भक्ति की इस 'लोक सुलभ साधना' को निरंतर सुदृढ़ एवं परिष्कृत करते रहे हैं।

भारत एक ऐसी उर्वरक धरती है, जिसमें स्नेह-निष्ठा के जल से भक्ति-बीज के अंकुरित होने के लिए अतिप्राचीन काल से अनुकूल वातावरण था। भारतीय भक्ति का अतिप्राचीनतम रूप वेदों में ही दिखाई पड़ता है। यह भारतीयों की निष्ठा और परम सत्य के प्रति उनके समर्पण का परिचायक है। वेदों की ज्ञान उर्वरक भोगवती से उद्भूत भक्ति एक स्वस्थ वृक्ष के रूप में विकसित हुई है। मनीषियों, दार्शनिकों, कवियों व भक्तों के स्नेह-सिक्त सत्प्रयासों से उसने महावृक्ष का रूप धारण कर लिया है। उन के सत्प्रयासों से भक्ति-साधना के क्षेत्र में अनेक मार्ग व आयाम विकसित हुए हैं। उनमें प्रमुख है- 1. वैचारिक पक्ष 2. साधना पक्ष 3. लोकपक्ष। ये तीनों परस्पर आश्रित होते हुए भी इनका प्रचार व प्रसार अलग अलग ही हुआ है। शुद्धाद्वैत, विशिष्टाद्वैत, द्वैताद्वैत आदि भक्ति दर्शन वैचारिक पक्ष के अंतर्गत आते हैं। साधना पक्ष के अंतर्गत भक्ति-कवियों की संप्रेषणीयता, कवियों की लोक सुलभ साधना आती है। उनकी लोकोन्मुख साधना बाकी पर हावी होती दिखाई पड़ती है। कदाचित उन दोनों को अत्यधिक लोकग्राह्य व सरल संप्रेषित बनाने की दिशा में ही इसका विकास हुआ है।

मानव-सभ्यता के आरंभिक युगों में आदमी की आवश्यकताएँ उसकी आदिम आवश्यकताओं तक ही सीमित रही होंगी। तन ढकने के लिए वस्त्र, क्षुधा-पूर्ति के लिए अन्न, बाह्य वातावरण से बचने के लिए आवास—ये तीन ही आवश्यकताएँ आदमी की आदिम आवश्यकताएँ थीं। इन तीनों को जुटाना या प्राप्त करने का लक्ष्य ही उसके सामने था। उसकी दैहिक-मानसिक शक्ति इसी लक्ष्य-पूर्ति

पर लगी रहती थी। एक प्रकार से उसके जीवित रहने का मतलब भी यही था। इनको जुटाने का काम उसके लिए अपवित्र ही नहीं, अतिमहत्वपूर्ण भी था। धीरे-धीरे उसने अनुभव किया होगा कि ये समस्त वस्तुएँ उसे चारों तरफ की प्रकृति से प्राप्त हो रही हैं। धीरे-धीरे उसमें उस प्रकृति के प्रति जिज्ञासा विकसित होती रही। हवा, बादल, बारिश, जल, आग, पृथ्वी, पेड़-पौधे, पशु आदि प्रकृति के कण-कण के प्रति उसकी जिज्ञासा बढ़ती गयी। उसने अनुभव किया होगा कि इन पर उनका कोई नियंत्रण या अधिकार नहीं है। इतना ही नहीं, प्रकृति उसकी मुक्त-उदार सहायिका है। इन सारी वस्तुओं की आपूर्ति कराती हुई भी बदले में वह उससे कुछ नहीं लेती है। प्रकृति के इस मुक्त दान से मानव द्रवीभूत हुआ होगा। जिससे धीरे-धीरे उसके प्रति श्रद्धा और निष्ठा विकसित होती गयी। कदाचित यही कारण है कि संचित ज्ञान के प्रथम उद्गार माने जानेवाले वेदों में प्रकृति की व्यापक पूजा के वर्णन मिल जाते हैं। इतना नहीं नहीं, वैदिककालीन मानव को प्रकृति की अद्भुत-दिव्य शक्ति का आभास हो गया था। उसने प्रकृति के इन दिव्य तत्वों की देवताओं के रूप में कल्पना की थी। इंद्र, सूर्य, वरुण, मारुत, रुद्र आदि की प्रकृति के प्रतीक देवताओं के रूप में पूजा की जाती थी। प्रकृति पर इस दैवत्व के आरोपण के साथ ही ब्रह्म निरूपण, ईश्वरीय चिंतन, आध्यात्मिक चिंतन, अलौकिक चिंतन की शुरुआत हुई। इसी को भक्ति का बीजांकुर मान लेना चाहिए। ऋग्वेद में मानव और देवताओं के बीच में अटूट प्रेम का अनेक स्थलों पर वर्णन है। बीज रूप में उद्भूत यह श्रद्धा-प्रेम-भक्ति दर्शन आगे और समृद्ध और विकसित होता रहा। वैदिक काल में ही ब्रह्म तत्व ज्ञान का पूर्ण निरूपण किया गया है। आगे उपनिषद् काल में और उसके बाद ब्राह्मण काल में यह ब्रह्म तत्व ज्ञान किंवा ईश्वरीय-भक्ति-दर्शन और विकसित किया गया। साधना-उपासना के विधि-विधान, कर्म-कांड आदि को बड़ी मात्रा में परिभाषित ही नहीं, समर्थन भी किया गया। इन दार्शनिक, कर्म-विधानों में बौद्धिक पक्ष की ही प्रधानता होती रही। परिणाम स्वरूप यह विधि-विधान शुष्क और कठिन पड़ने लगा था।

पौराणिक युग में पुराणकर्ताओं ने जटिल भक्ति-दर्शन, पूजा के विध-विधान को सरल बनाने का भरसक प्रयास किया। उन्होंने साधना-उपासना के क्षेत्र में पहली बार हृदय पक्ष को महत्व दिया। हृदय पक्ष की विभिन्न वृत्तियों में यथा प्रेम, दया, अहिंसा, परोपकार आदि को ईश्वरीय साधना के अंतर्गत रखने का प्रयास किया है। शुष्क वेदांत दर्शन, जटिल कर्मकांड के स्थान पर ईश्वरीय-साधना को इस हृदय पक्ष की प्रधानता के साथ जन सुलभ बनाने का श्रेय इन्हीं पुराणकर्ताओं को देना चाहिए। उन्होंने यज्ञ, क्रतु, आदि भारी विधि-विधानों के स्थान पर श्रवणं, कीर्तनं, स्मरणं आदि नवधा भक्ति के विधान पर बल देकर ईश्वर-प्राप्ति के लिए सरल मार्ग भक्ति-मार्ग का नया सूत्रपात किया। अष्टादश पुराणों में ब्रह्म तत्व की अलौकिक लीलाओं के साथ-साथ लौकिक लीलाओं का भी वर्णन है। ईश्वर-तत्व के इस लौकिक निरूपण के पीछे पुराणकर्ताओं का यही उद्देश्य रहा है कि भक्ति का प्रसार जन-जन तक पहुँचाया जाय। जटिल दार्शनिक बातों, शुष्क निराकार ज्ञान की बातों को जो शिक्षित व शास्त्रों से घनिष्ठ संबंध रखनेवाले विशेष वर्ग की समझ तक ही सीमित थी, जन-जन तक पहुँचाने के लिए लौकिक पात्रों, अलौकिक लीलाओं का सहारा लिया गया है। वाल्मीकि ने राम नाम की इस महत्व स्थापना के साथ ईश्वरीय साधना के जन सुलभ मार्ग भक्ति मार्ग को प्रशस्त किया। जो वैदिक, उपनिषदीय, ब्राह्मण काल की भक्ति से अतिसुलभ स्वरूपा है। परन्तु इससे भी बढ़कर

महाभारत और उसके परवर्ती ग्रंथों में और उसे लोक-सुलभ बनाया गया है। भक्ति का प्रचार और उसके प्रति आम जनता का जितना आकर्षण महाभारत काल और उसके बाद हुआ, उतना शायद ही उसके पूर्ववर्ती काल में हुआ हो। भक्ति की लोक सुलभ साधना महाभारत काल से और निखरी है।

महाभारत के रचनाकार महर्षि व्यासजी ने अपने समय के समस्त भक्ति दर्शन के सार को ग्रहण किया है। कर्म-कांड, ब्रह्म ज्ञान, वेदांत शास्त्र, तर्क ज्ञान आदि सभी का अपनी तार्किक दृष्टि से विश्लेषण किया। सत्य का शोधन किया, परखा और समन्वय तथा संपादन करने का प्रयास किया। महाभारत की रचना के साथ भक्ति के एक लोक ग्राह्य रूप की स्थापना हुई। इसका अनुसरण करके मानव लौकिक पुरुषार्थों की प्राप्ति बहुत सरल ढंग से कर सकता है। ईश्वरीय साधना किंवा मोक्ष प्राप्ति का यह सरल मार्ग ढूंढ़ कर उसे लोक सुलभ बनाने के बावजूद भी वेदव्यास ने अपनी साधना को पूर्ण होने का अनुभव नहीं किया। भगवान-कृपा-प्राप्ति के सरल मार्ग के अन्वेषण में अपनी साधना उन्हें अधूरी लगने लगी थी। श्रीमद्भागवत में इसका उल्लेख मिलता है। भगवान के महिमा-गायन से ही परमानंद प्राप्त करने का उनका विचार श्रीमद्भागवत की रचना के द्वारा व्यक्त हुआ है। श्रीमद्भागवत का मूल उद्देश्य भगवान के महिमा-गायन है। उन्होंने इसमें भगवान के प्रति श्रद्धा और प्रेम का निरूपण किया है। इस रूप में मानव जीवन में प्रेम के महत्व को 'श्रीमद्भागवत' में भगवान का महिमा-गायन के द्वारा प्रतिपादित किया गया है। भक्ति के क्षेत्र में हृदय पक्ष की यह पूर्ण पराकाष्ठा है। भक्ति के इस प्रतिपादन ने समस्त जनता में इसके प्रचार के लिए नये मार्ग खोल दिये। श्रीमद्भागवत में वर्णित प्रेम-स्वरूपा-भक्ति ने आम जनता पर अद्भुत एवं अभूतपूर्व प्रभाव डाला है। भागवत धर्म का प्रचार जन-जन तक पहुँचाने का रहस्य उसके लोकग्राह्य स्वरूप और हृदय पक्ष की प्रधानता ही है। मानव भीतर-बाहर प्रेममय होकर अपनी समस्त स्वार्थ-सिद्धि को त्याग करके भगवत लीला से अपने को अभिन्न मानकर उसके अनंत प्रेम रस में डूबना ही उसके लिए परम पुरुषार्थ है।

जीवन के प्रत्येक कर्म में ईश्वर के अंश को देखते हुए उसके लीला-गान में अपना सर्वस्व समर्पित करके उसके सान्निध्य-लाभ को उठाने का मार्ग भागवत में प्रतिपादित किया गया है। श्रीमद्भागवत में निरूपित व उल्लिखित सभी पात्र इसके प्रमाण हैं कि समस्त पाप कर्मों के करने के बावजूद भी वे भगवान के लीला-गायन मात्र से मुक्ति पाकर मोक्ष-गामी हो गये हैं। ईश्वरीय साधना में भक्त को किन-किन भावों से भगवान के साथ संबंध जोड़ना चाहिए, वे सभी चरित्र व प्रसंग बहुत ही सरल ढंग से प्रस्तुत कर दिये गये हैं। श्रीमद्भागवत में वर्णित पात्रों एवं प्रसंगों के द्वारा व्यास जी ने भक्ति के आदर्श पक्ष को लोक ग्राह्य ही नहीं, सरल व समस्त-साधना सुलभ बना दिया है। उन पात्रों-प्रसंगों के लीला गायन से भक्तों में न केवल अनुकरण करने का आकर्षण पैदा होता है, बल्कि भगवत-भक्ति के प्रति एक अचंचल विश्वास पैदा हो जाता है। श्रीमद्भागवत की यह लोक सुलभ साधना सर्वथा सराहनीय है। श्रीमद्भागवत की महिमा इसी में है कि वेद वेदांत के शुष्क, ज्ञान-विहीन, कठिन कर्म-कांडों से दूर हजारों गोपिकाओं का उद्धार भगवान ने प्रेम के बल पर किया है। भगवत भक्ति किंवा भगवत-प्राप्ति की इस लोक सुलभ साधना की स्थापना से महर्षि वेद व्यास भक्ति के क्षेत्र में अमर हो गये।

भारत में भक्ति का यह लोकग्राह्य स्वरूप फिर धीरे-धीरे मंद पड़ता गया है। इसका मूल कारण धार्मिक क्षेत्र में हुए उथल-पुथल ही हैं। धार्मिक क्षेत्र के निरंतर मतभेद व मंथन से भक्ति का लोक ग्राह्य रूप विवादास्पद हो गया है। ब्रह्म निरूपण व ईश्वरीय साधना के परस्पर खंडन मंडन से जो विषाक्त वातावरण खड़ा हो गया, उसने वैदिक भक्ति के विकास में बड़ा अवरोध खड़ा किया है। जैन, बौद्ध, गोरख पंथी आदि के प्रचार-प्रसार से जनता पर भागवत धर्म की पकड़ ढीली पड़ती गयी। जैन-बौद्धों का दार्शनिक पक्ष काफी सरल था। इससे बढ़कर जैन-बौद्ध धर्म के गुरुओं ने अपने धर्म के प्रचार के लिए सीधे जनता से संबंध स्थापित किया। गाँव-गाँव, गली-गली घूमकर उनकी अपनी भाषा में धार्मिक प्रचार करने का प्रयास किया। भारत में बहुत कम समय में इन धर्मों के प्रचार होने का यही मूल कारण रहा है। उन्होंने जन की चित्तवृत्ति के अनुकूल दार्शनिक गंभीर बातों को सरल सोदाहरण बना दिया। जन मध्य में जाकर जगह-जगह प्रचार करने की इस साधना-पद्धति ने अभूत व अच्छे परिणाम दिए। जैन-बौद्ध गुरुओं ने इसलिए अपने धार्मिक प्रवचन के प्रचार में अधिक सफलता प्राप्त की है। जनता भी उनके प्रवचनों से प्रभावित होती रही।

महान आत्मा शंकराचार्य के आगमन तक भक्ति का यही मिश्रित वातावरण बना रहा। उन्होंने भक्ति क्षेत्र की इस असमंजस स्थिति को अपने अद्वैतवादी दर्शन के द्वारा दूर करने के सफल प्रयत्न किए। उन्होंने प्राचीन वैदिक व औपनषिदिक धर्म की पुनः साधना की है। शंकराचार्य की यह महानता रही है कि उन्होंने अपने अद्वैत दर्शन के लिए लोक-संपर्क को अत्यंत महत्व दिया। जन-जन तक अपने विचारों को पहुँचाने के लिए उन्होंने भारत भर का भ्रमण किया। स्थान स्थान पर पंडित-विद्वानों से ही नहीं, आम जनता से भी वाद-विवाद, विचार-विमर्श किया। संपूर्ण भारत में शंकर के अद्वैतवादी विचारों का बहुत प्रभाव रहा। परिणामस्वरूप तब तक लोकप्रिय भागवत धर्म की सहज अबाध गति में बाधा उपस्थित हुई। शंकर के इस मायावाद के कारण उपासना के क्षेत्र में जो साधारण जनता का सरल स्वीकृत मार्ग था, अनियमितता फैल गयी। सबसे बड़ी कठिनाई यह थी कि 'सेवक सेव्य भाव बिनु, भव न तरिय उरगादि' ब्रह्म तत्व निरूपण की यह अनियमितता भागवत धर्म की पुनःस्थापना व पुनर्व्याख्या का कारण बनी। इस दिशा में अनेक सत्प्रयास किए गये। उनमें श्री यमुनाचार्य का प्रयास सबसे महत्वपूर्ण है। उन्होंने अपने शिष्य श्री रामानुजाचार्य को 'बादरायण सूत्र' पर भाष्य लिखने को कहा। ये ही नहीं शंकर के अद्वैतवाद के विरोध में अनेक वैष्णवाचार्यों ने भक्ति-सिद्धांतों की पुनर्व्याख्या की है। उनमें विशिष्टाद्वैत के प्रवर्तक श्री मध्वाचार्य, द्वैताद्वैतवाद के श्री निंबार्काचार्य, शुद्धाद्वैतवाद के श्री वल्लभाचार्य आदि प्रमुख हैं। इन वैष्णवाचार्यों ने भक्ति सिद्धांतों की नयी व्याख्या के साथ-साथ वैष्णव संप्रदाय की पुनः प्राण-प्रतिष्ठा की है।

भक्ति का वैचारिक पक्ष पुनः इन वैष्णवाचार्यों के प्रयत्नों के द्वारा समृद्ध हुआ। परिणामस्वरूप शंकराचार्य के अद्वैत दर्शन से उत्पन्न अनियमितता धीरे-धीरे दूर होती गयी। अनुकरणयोग्य एवं विश्वसनीय सरल भक्ति मार्ग पुनः जनता के सामने प्रस्तुत हो गया। इस नये भक्ति दर्शन किंवा पुनर्जाग्रत नया भक्ति मार्ग उस समय अधिक लोकप्रिय, लोकरंजक व लोकग्राह्य हुआ, जब मध्ययुगीन भक्त कवियों ने उनसे प्रभावित होकर लोक-सरल-ग्राह्य साहित्य रचा। इन भक्ति कवियों की बड़ी विशेषता यही थी कि वैष्णवाचार्यों के द्वारा प्रतिपादित भक्ति सिद्धांतों को सरल संप्रेषित करके आम

जनता तक पहुँचाया जाय। लोक मानस को भक्ति की ओर मोड़कर सरल आचरणयोग्य भक्तिमार्ग की व्याख्या करके लोकार्षण पैदा करना, उनका प्रमुख लक्ष्य रहा था। यज्ञ, व्रत, बृहद पूजा-विधान आदि से मंडित ईश्वरीय साधना उच्चवर्गीय समाज के लिए ही सरल-सुलभ वस्तु थी। मध्यवर्गीय व आम जनता इसका आचरण करने व इसके प्रति सोचने से ही वंचित थी। मध्ययुगीन भक्त कवियों ने इस दीवार को तोड़ दिया। इन्होंने समूचे में भारतीय समाज को प्रभावित किया है। उच्चवर्ग, निम्नवर्ग, शिक्षित-अशिक्षित सभी तक अपने भक्ति संदेश को पहुँचाने का प्रयास किया।

मध्ययुगीन भारतीय भक्त कवियों की यह लोक-सुलभ साधना अद्वितीय ही नहीं, सराहनीय भी है। इन्होंने अपने प्रेम-भाव मूलक भक्तिपरक संदेशों से भारत को धर्ममय बना दिया। उन्होंने अपने उपदेश-संदेश को पहुँचाने के लिए सामान्य जनता को ही प्रमुख लक्ष्य बना लिया है। इस लक्ष्य पूर्ति के लिए उन्होंने एक विशेष पद्धति अपनायी है। अपने समय तक प्राप्त सभी लोकार्षक प्रणालियों को उन्होंने अपनाया है। जैन-बौद्धों ने लोक-नाड़ी को अच्छी तरह पहचान लिया था। लोकचित्त के अनुकूल उन्होंने अपने साधना-संदेश को ढाला था। जन मध्य में जाकर अपने संदेश का प्रचार किया था। मध्ययुगीन भक्त कवियों ने भी इस लोक रंजक प्रणाली को अपनाया था। मध्य युगीन भक्त कवियों में अनेक ऐसे हैं, जिन्होंने अपने कविता-पदों को जन मध्य में प्रचार किया था। मध्य युग तक पहुँचते-पहुँचते काव्य की पद शैली किंवा गीति शैली का पर्याप्त विकास हो चुका था। लोकचित्त को आकर्षित करने तथा भाव-संप्रेषण में अप्रतिम सफलता प्राप्त करने में गीति शैली ने बड़ी मात्रा में लोकप्रियता प्राप्त की थी। मध्ययुगीन कवियों में अधिकांश ने गीति शैली को अपनाया। मध्य युग तक संपूर्ण भारत में प्रादेशिक भाषाओं का विकास हो चला था। भारतीय भक्त कवियों ने प्रदेश विशेष में विकसित लोक भाषा को अपना लिया था। इतना ही नहीं, उन्होंने अपने काव्यों के काव्यत्व को भी पर्याप्त रूप में बदलने का प्रयास किया। लोक गीत, लोक धुन, साधारण जनता में प्रचलित लोक छंदों आदि लोकोपदानों को अपनाकर अपनी काव्य-संप्रेषणीयता को अतिसुलभ बना दिया है। इन भक्त कवियों ने अपने काव्यों में इन लोक प्रचलित काव्य रूपों को ही नहीं, सामान्य जनता में प्रचलित आचार-संस्कार, विश्वासों आदि को पर्याप्त महत्व देकर उन्हें लोकोन्मुख बनाया है। निम्नांकित लोकोक्ति मध्ययुगीन हिंदी भक्त-साहित्य की लोकधर्मिता पर काफी सीमा तक प्रकाश डालती है—

जो कुछ रहा सो अंधरा कहिगा,
कठवऊ कहे सि अनूठी।
बची-खुची सब जुलहा कहिगा
और कहै सो झूठी।।

अर्थात् साहित्य में उल्लेख करने हेतु जो कुछ उदात्त तत्व जीवन में है, उसे सूरदास, जो जन्मांध कहलाते हैं, नेत्रहीन होते हुए भी वर्णन कर गये हैं। तुलसी ने जो काठ के पर्याय माने जाते हैं, अप्रतिम-अतुलनीय साहित्य सर्जना की है। सरस्वती के वरदपुत्र इन दोनों भक्त कवियों की लेखनी से जो चूक गया था, उसे जुलाहा परिवार में जन्मे संत कबीरदास ने प्रभोवोत्पादक मसि-कागज से पूरा किया है। बाद के कवियों के लिए उन्होंने कुछ नहीं छोड़ा है। इसलिए अपने प्रयास में वे झूठ ही सिद्ध होंगे। उनका कथन बकवास व निस्सार ही होगा। स्पष्ट है कि यह लोकोक्ति सूर, कबीर, तुलसी की

हिंदी काव्य जगत में महानता को रेखांकित करती है। इन तीनों का भक्ति साहित्य लोकचित्त से किंवा सामान्य जन मानस से गहरा संबंध रखता है। जन मानस किंवा लोक मानस से संबद्ध अनेक विशेषताएँ इनके साहित्य में देखी जा सकती हैं। इनके कथात्मक काव्यों में जनता में प्रचलित सुंदर लोक कथाओं का संयोजन है। गेय पद, भजन-कीर्तन, नृत्यगान से संबद्ध नहछू, सबदियों और अन्य प्रकार के लोकगीतों की धुन के अनुकूल छंदों और लोक भाषा आदि लोक साहित्य से संबंध रखनेवाले अनेक तत्व इनके काव्यों में बड़ी मात्रा में प्राप्त होते हैं। इससे बढ़कर सामान्य जनता में प्रचलित लोक विश्वास, आचार-संस्कार, व्रत-पर्व आदि का संयोजन भी उनके साहित्य में हुआ है। यह इसी बात का परिचायक है कि ईश्वरीय साधना व भक्ति-संदेश को लोक सुलभ बनाने के लिए लोक मानस के अनुकूल उन्होंने अपने भक्ति साहित्य को लोकोपदानों का भरमार बनाया है।

यह लोकोन्मुखता किंवा लोक-सुलभ साधना मात्र हिंदी के भक्त कवियों की ही नहीं, बल्कि भारत के सभी प्रादेशिक भाषा कवियों में देखी जा सकती है। मध्ययुगीन प्रारंभिक भारतीय भक्त कवियों ने रामायण-महाभारतादि पुराणों का अपनी प्रादेशिक भाषाओं में अनुवाद प्रस्तुत किया है। कहने की आवश्यकता नहीं है कि इन अनूदित काव्यों के मूलस्रोत संस्कृत भाषा में रचित पौराणिक महाकाव्य ही हैं। यह भी माना जाता है कि संस्कृत के इन पुराणों के प्रणेताओं ने तत्कालीन जनता में प्रचलित मौखिक लोक कथाओं, आख्यान-उपाख्यानों से पर्याप्त सहायता ली है। लोक कथाओं में प्रचलित विभिन्न प्रसंगों-घटनाओं, व्याख्यानों को जोड़कर पुराणों की रचना की है। ऐसा माना जाता है कि आदिकवि वाल्मीकि ने भी जनता में प्रचलित विभिन्न लोक कथाओं के आधार पर ही रामायण के अनेक प्रसंगों व उपाख्यानों को गढ़ा है। कालांतर में यह लोकधर्मिता और भी ज्यादा होती रही। जैन-बौद्धों के द्वारा इस प्रकार के अनेक अभूत व अद्भुत प्रसंगों का मिश्रण इन्हीं लोक कथाओं के आधार पर भी हुआ है। प्रादेशिक भाषा कवियों ने इन स्रोत-ग्रंथों के प्राप्त आख्यान-उपाख्यानों के साथ-साथ अपने प्रदेश विशेष में प्रचलित लोक कथाओं से भी पर्याप्त आख्यान-उपाख्यान प्रसंगों को ग्रहण किया है। कदाचित यही कारण है कि उनकी राम कथाओं में अवाल्मीकीय प्रसंग ज्यादा दिखाई पड़ते हैं। तेलुगु में गोन बुद्धा रेड्डी कृत 'रंगनाथ रामायणमु', तमिल में कंबन कृत 'कम्ब रामायणमु', कन्नड़ में अभिनव पंप द्वारा रचित 'रामचंद्र चरित पुराण' अथवा 'पंप रामायण', मलयालम में अज्ञात कविकृत 'रामचरितम' तथा अय्यंपिल्लि आशान कृत, 'राम कथा पाट्ट' उड़िया में बलराम दास कृत 'जग मोहन रामायण', असमिया में माधव कंदली कृत 'असमिया रामायण', बंगला में कृत्तिवास कृत 'कृत्तिवास रामायण' आदि में लोकधर्मी अनेक अवाल्मीकीय प्रसंग यत्रतत्र बिखरे दिखाई पड़ते हैं। उन्होंने प्रदेश विशेष में प्रचलित व लोक जीवन में लोकप्रिय प्रसंगों को अपने काव्यों में स्थान दिया है। कहने की आवश्यकता नहीं है कि इस लोकोन्मुखता किंवा लोकधर्मिता के पीछे सामान्य जनता तक पहुँचने की ललक व लोक सुलभ साधना की बलवती इच्छा ही थी।

रामकथा के साथ-साथ, कृष्णकथा से संबद्ध अनूदित रचनाओं में भी इसी विशेषता को रेखांकित किया जा सकता है। कृष्णकथा पर आधारित अनूदित काव्यों में प्रादेशिक भाषा कवियों ने व्यास कृत 'महाभारत' और 'श्रीमद्भागवत' को आदि स्रोत बनाया है। इन दोनों के अतिरिक्त उन्होंने लोक प्रचलित मौखिक कथाओं से भी आख्यान-उपाख्यान ग्रहण किए हैं। हिंदी में सूरदास कृत 'सूर-

सागर', तेलुगु में कवित्रय कृत 'महाभारत', पोतना विरचित 'महाभागवत', तमिल में विल्लिपुत्तुर कृत 'भारदम' तथा नल्ल पिल्लै कृत 'नल्ल पिल्लै भारतम', कन्नड़ में महाकवि पंपकृत 'विक्रमार्जुन विजय' अथवा 'पंपभारत' तथा नारायणप्पा अथवा कुमार व्यासकृत 'कन्नड़ भारत', लक्ष्मीश कृत 'जैमिनी भारत', मलयालम में शंकर पणिकर कृत 'भारत माला', उड़िया में सारलादास कृत 'सारला महाभारत' आदि में प्रदेश विशेष के लोकाख्यानों के प्रक्षेपण के लिए पर्याप्त महत्व दिया गया। व्यासकृत महाभारत व श्रीमद्भागवत से ज्यादा प्रदेश विशेष में इनका प्रचलन होने का मूल कारण यही लोकोख्यान ग्रहण करना ही है।

मध्ययुगीन प्रादेशिक भाषाओं के भक्त कवियों ने लोक सुलभ साधना के अंतर्गत लोक स्रोत से इन प्रसंगों एवं उपाख्यानों किंवा कथानक रूढ़ियों के साथ-साथ गीति शैली को बड़ी मात्रा में अपनाया है। गीति तत्व की सरल संप्रेषणीयता, साधारण जनता पर उसकी चित्ताकर्षक प्रवृत्ति से प्रभावित होकर उसे लोक संपर्क-स्थापना के सही एवं प्रभावी माध्यम के रूप में मान्यता दी गयी है। मध्ययुगीन भारतीय भक्त कवियों ने संस्कृत साहित्य से प्राप्त इस गेय पद्धति का पर्याप्त उपयोग किया है। इस लोकरंजक गीति शैली को अपनाकर उन्होंने अपने भक्ति-संदेश को आम जनता तक पहुँचाने में पर्याप्त सफलता प्राप्त की है। उन्होंने अपने गान-माधुर्य से प्रेम-भक्ति मूलक संदेश को सामान्य जनता के बीच प्रसारित किया। गीति शैली में लिखे गेय पदों में साहित्य संगीत की युगल शक्ति निक्षिप्त होती है। गेय पदों की इस दुधार शक्ति का उन्होंने भरसक उपयोग किया है। उनमें कई वाग्गेयकार कहलाये। मातुवु 'साहित्य' और धातुवु 'संगीत' के समान-संयोजन की अद्भुत प्रतिभा रखनेवाले गेय पद कवियों को ही वाग्गेयकार कहते हैं। उनकी एक विशेषता यह भी है कि एक हाथ में कोई न कोई संगीत-वाद्य लेकर नर्तन करते हुए अपने गेय पदों को जन मध्य में गाया करते थे। संगीत-साहित्य से ओतप्रोत उनके गेय पदों का जनता पर अतुलनीय प्रभाव पडना स्वाभाविक ही था। इन भक्त कवियों में अधिकांश के गेय पद भले ही शास्त्रसम्मत न हों, उसमें लोक चित्त को मोहनेवाली अद्भुत शक्ति छिपी हुई है। इसलिए इन भक्त कवियों के गीत भारत के घर-घर में, गली गली में गूँजते सुनाई पड़ते हैं। इनमें अधिकांश गायक कवि थे। कवि गायक कम थे।

हिंदी में गेय पदों की एक सुदृढ़ परंपरा दिखाई पड़ती है। हिंदी में मूलतः दो प्रकार के गेय पदों का प्रयोग हुआ है। पहले प्रकार के गेय पद वे हैं, जिसकी राग-रागिनियों के बारे में स्वयं कवि ने अपनी कलात्मक प्रतिभा के सहारे कोई निदेश दिया है। हिंदी के अधिकांश भक्त कवियों ने लीला-गान संबंधी अपने गेय पदों में इस प्रकार के निर्देश किये हैं। दूसरे प्रकार के गेय पद वे हैं, जिनको गाने के लिए कोई सुनिश्चित राग-रागिनियों का निर्देश नहीं किया गया है। पहले प्रकार के गेयपद ही हिंदी में ज्यादा मिलते हैं। इससे संगीत के क्षेत्र में उनकी अप्रतिम प्रतिभा का पता चलता है। इनमें से कुछ ऐसे भी कवि थे, जो लिखते कम थे, ज्यादा गाया करते थे। हिंदी साहित्यकारों के सूरज माने जानेवाले सूरदास श्रीनाथ मंदिर में मौखिक रूप में पद निर्माण करके नित्य नवीन पद गाया करते थे। श्रीकृष्ण के प्रेम में आत्मविभोर होकर मीरा एक हाथ में एकतारा लेकर बजाती, अपने प्रभु श्रीकृष्ण के भजन गाया करती थी। लगभग उसी रूप में तेलुगु के पद कविता पितामह अन्नमाचार्य एक हाथ में चिडतलु, दूसरे हाथ में एक तारा के साथ संगीत की धुन में नर्तन करते हुए गाँव-गाँव

घूमकर अपने मधुर संकीर्तन गाया करते थे। प्रसिद्ध राम भक्ति गायक कवि त्यागराजु तो संगीत के ही विलक्षण प्रतिभा के अधिकारी थे। तमिल के कंबन ने अपनी रामायण को विरूत्तम छंद में लिखकर उसे संगीतोपयोगी बना दिया। मलयालम में प्राप्त दोनों प्राचीनतम रामायण रामचरितमु, राम कथा पाट्टु अपनी गेयता के लिए प्रसिद्ध हैं। गेय पद रचनाओं के ये कुछ ही उदाहरण हैं। भारत भर में इसकी सुदृढ़ परंपरा देखी जा सकती है। इस रूप में मध्ययुगीन प्रादेशिक भाषाओं के कवियों ने अपनी लोक सुलभ साधना के लिए गीति तत्व को एक उपकरण के रूप में उपयोग करके भक्ति को लोकोन्मुख बना दिया है।

मध्ययुगीन भारतीय भक्त कवियों ने अपनी लोक सुलभ साधना की दिशा में लोक प्रचलित काव्य रूपों का ग्रहण भी किया है। ये काव्य रूप शास्त्रसम्मत नहीं होते हुए भी लोक रूप को दृष्टि में रखकर लोक गीतों के अनुरूप निर्मित किये गये हैं। हिंदी का 'सोहर' इसी प्रकार का एक काव्य रूप है। जो पहले नितांत एक लौकिक काव्य रूप किंवा लोक गीत मात्र था, जो जन्मोत्सव के अवसर पर गाया जाता था। इसी प्रकार तेलुगु प्रदेश में विभिन्न अवसरों पर गाये जानेवाले अनेक लोक गीत लोक प्रचलित हैं। जैसे जागरण के गीत या सुप्रभात गीत, जाजर गीत, सुव्वि के गीत, गोब्बि के गीत, लोरी गीत, मंगल गीत आदि। संकीर्तनाचार्य अन्नमाचार्य ने इन सभी लोक गीतों के रूपों को अपने संकीर्तनों का आधार बना लिया है। इन लोक गीतों के अनुकरण पर उन्होंने कृपावत्सल श्रीवेंकटेश्वर की भक्ति में आत्मविभोर होकर हजारों संकीर्तन गाये थे। श्रीवेंकटेश्वर के अन्यतम भक्त अन्नमाचार्य ने इस प्रकार के लोकगीतों की धुन व रूपों के अनुकरण पर ही संकीर्तन रचकर वेंकटेश्वर के भक्ति-संदेश को गाँव-गाँव एवं गली-गली में पहुँचा दिया है। उदाहरण के लिए 'तंदान पाटलु' नाम से आंध्र के लोकगीत बहुत प्रचलित हैं। इस प्रकार के गीतों को समूह में लोग गाते हैं। समूह में एक अपने हाथ में एकतारा लेकर 'तंदाना' कहकर गायेगा, तो बाकी समूह तंदाना या तंदनाना कहकर सहगान करते हैं। यह 'तंदान' बार-बार आवृत्त होकर गीत की लय व गति को बढाता है। श्रीवेंकटेश्वर के परब्रह्म स्वरूप का निरूपण करते हुए अन्नमाचार्य लोक गीत शैली में गाते हैं—

तंदनान अहि तंदनान पुरे
तंदनान भला तंदनान ।।टेक।।

ब्रह्ममोकटे पर ब्रह्म मोकटे पर
ब्रह्ममोकटे पर ब्रह्म मोकटे ।।तंदनान।।

कंदु वगु हीनाधिकमुलिंदु लेवु
अंदरिकि श्रीहरे अंतरात्म
निंडार राजु निद्रिंचु निद्रयु नोकटे
अंडने बंटु निद्र अदियु नोकटे
मेंडैन ब्राह्मणुडु मेट्ट भूमि योकटे
चंडालुन्डेटि सरि भूमि योकटे ।।तंदनान।।

अनुंगु देवतलकुनु अल काम सुखमोकटे
बन कीट पशुवुलकु काम सुखमोकटे
दिन महो रात्रमुलु तेगि धनाळ्युन कोकटे
बोबर निरुपेदनु वोकट अवियु ।।तंदनान।।

कोरति शिष्टान्नमुलु गोनु नाक लोकटे
तिरुगु दुष्टान्नमुलु तिनु नाकलोकटे
परग दुर्गन्धमुलपै वायु वोकटे
वरूस बरिमलमु पै वायु वोकटे ।।तंदनान।।
कडगि येनुगु मीद गायु येन्डोकटे
पुडमि शुनकमुमीद बोलयु नेंडोकटे
कडु बुण्यलनु बाप कर्मुलन सरिगाव
जडियु श्रीवेंकश्वरु नाम मोकटे ।।तंदनान।।

अर्थात् इस चराचर सृष्टि में श्री हरि ही एक मात्र ब्रह्म हैं। वे ही परब्रह्म हैं। सृष्टि की प्रत्येक वस्तु सतत परिवर्तित व विकसित होती रहती है। परन्तु ब्रह्म अकेला ही शाश्वत व अपरिवर्तनीय हैं। सृष्टि के कण-कण में वे ही परब्रह्म व्याप्त हैं। उन से बने इस जगत में ऊँच-नीच और वर्ग वैषम्य रखने लायक वस्तु कोई नहीं है। समस्त प्राणी की अंतरात्मा श्री हरी ही हैं। अतः सृष्टि का प्रत्येक प्राण समान है। सब को जीने का समान अधिकार है। इस प्रकार की प्रगतिशील भावनाएँ प्रस्तुत संकीर्तन में व्यक्त हुई हैं।

इस प्रकार के लोक गीतों के रूपों पर आधारित गेय पद केवल अन्नमाचार्य ही नहीं, उनके बाद के श्री क्षेत्रय्या, भद्राचल रामदास, पुरंदर दास और त्यागराजु की रचनाओं में भी बड़ी संख्या में प्राप्त होते है। हिंदी के मध्ययुगीन भक्त कवियों ने तो इस प्रकार के लोक गीतों पर आधारित काव्य रूपों का भरमार ही लगा दिया है। उनमें से अधिकांश मध्ययुगीन भक्ति-साहित्य में अत्यधिक प्रचलित हुए हैं। वे हैं होरी, अखराहट, सोहर, शबद, रमैनी, ककहरा, चौंतासा, बाईसा, तीसी, चालीसा, सतसई, आरती, अठ पहरा, मंगला, बिरहुली, नहछू मंगल, बसंत, हिंडोला, बारहमासा, चांचर, पचग, रास, कहरा, बचारी, साखी और बेलि। इनमें से अधिकांश को थोड़े संशोधन के साथ गेय पद लिखनेवाले भक्ति कवियों ने अपना लिया है। उदाहरण के लिए 'सोहर' लोकगीत को लिया जा सकता है। लोक जीवन में विभिन्न संस्कारों के अवसरों पर लोक गीत गाये जाते हैं। प्रत्येक घर परिवार में जन्मोत्सव जन्म संस्कार ऐसा अवसर है, सभी अतिप्रसन्न नाचते व गाते हैं। यह माना जाता है कि सोहर शब्द की व्युत्पत्ति ही संस्कृत के 'सूतिका गृह' और प्राकृत के 'सुइउर' से हुई है। सोहर लोकगीत हिंदी प्रदेश का अत्यंत प्राचीनतम गीत है। गीत में कहीं-कहीं सोहर शब्द का उल्लेख भी किया जाता है। तुलसीदास जी ने 'रामचरितमानस' के साथ-साथ 'जानकी-मंगल', 'पार्वती-मंगल' और 'रामलला-नहछू' में इसका अत्यधिक प्रयोग किया है। सूरदास के सूर-सागर में सोहर

के गीत उपलब्ध होते हैं। सूर-सागर में संगृहीत एक सोहर गीत निम्नांकित है—

धनि धनि नंद जसोमति, धनि जग पावन रे।
धनि हरि लियौ अवतार, सुधनि दिन आवन रे।
दसएं मास भयौ पूत, पुनीत सुहावन रे।
संख चक्र गदा पद्म चतुर भुज भावन रे।

मध्ययुगीन भारतीय भक्त कवियों ने अपनी लोक सुलभ साधना में कथानक-रूढ़ियाँ, गेय पद शैली, लोक गीतों पर आधारित काव्य रूपों के साथ-साथ भाषा प्रयोग को अत्यधिक महत्व दिया है। सरल व्यावहारिक भाषा प्रयोग के साथ-साथ उन्होंने लोक जीवन में प्रचलित मुहावरे, कहावतें और पहेलियों का विशेष प्रयोग किया है। सरल व्यावहारिक भाषा प्रयोग से भाव-संप्रेषणीयता में सहायता मिलती है। साथ ही व्यक्त-भाव के साथ अपनापन व विश्व सामीप्यता बढ़ जाती है। भक्त कवियों की लक्ष्य पूर्ति में इसकी अत्यंत आवश्यकता थी।

किसी भी भाषा की भाव-प्रवणता अभिव्यंजक शक्ति उसमें व्यवहृत होनेवाले मुहावरों पर निर्भर होती है। मुहावरे भाषा में गति को पैदा करते हैं। इन अमूल्य मुहावरों का घनिष्ठ संबंध लोक जीवन से है। ये लोक जीवन में ही साँस लेकर लोक साहित्य में फलते फूलते हैं। इसलिए इनमें लोक चित्त को आकर्षित करने की अद्भुत शक्ति छिपी रहती है। कहावतें भी इसी प्रकार के भाषा उपकरण हैं। ये भी लोक मानस से अद्भुत होकर धीरे-धीरे साहित्य में अपना स्थान ग्रहण करते हैं। फिर पहेलियाँ परंपरा से प्रदत्त लोक-ज्ञान-विश्लेषण की पुंजीभूत संपदा है। पहेली बुझावन प्रक्रिया सामान्य सांसारिक ज्ञान की पुंजीभूत संपदा है। पहेली बुझावन प्रक्रिया सामान्य सांसारिक ज्ञान की परीक्षा लेती है। इसमें ज्ञान-वर्धक शक्ति और मनोरंजक शक्ति दोनों छिपी रहती हैं। भाषा की इस त्रिकोणात्मक शक्ति को मध्ययुगीन भक्त कवियों ने स्वीकार किया है। उन्होंने अपने भक्ति साहित्य को लोक सुलभ बनाने के लिए इन तीनों का यथावसर तथा यथोचित व अत्यधिक प्रयोग किया है। प्रदेश विशेष के लोक जीवन से इनका ग्रहण करके उन्होंने अपने भक्ति-साहित्य को लोकोन्मुख बना दिया है।

अपने भक्ति साहित्य में लोक पक्ष को और सुदृढ़ बनाने के लिए भारतीय भक्त कवियों ने लोक जीवन से संबंधित विविध रीति-रिवाजों, संस्कारों, लोक विश्वासों, पर्व-व्रत-उत्सव और प्रथाओं तथा परंपराओं का संयोजन किया है। आदमी परंपरा का श्रद्धालु होता है। जीवन के सुख-दुखों में परंपरा की नजरिये से उनके समाधान ढूंढ़ने का प्रयास करता है। पूर्व जीवन के सुख-दुखों के सापेक्ष उद्भूत हर्ष-उल्लास-शोक की रीति-रिवाज, प्रथाएँ-परंपराएँ व विश्वास के रूप धारण करते हैं। परंपराएँ व विश्वासों के घेरे में पर्व-व्रत-उत्सवों का आयोजन करता है। अपने संस्कारों से उनका विधिविधान तैयार करता है। ये विधि-विधान ही कालांतर में रीति-रिवाज बन जाते हैं। इस रूप में ये सब लोक जीवन के अनुभवों, संस्कारों व मान्यताओं से निःसृत परंपरा से प्राप्त लोकाचारों के विविध रूप हैं। इन लोकाचारों को अपने भक्ति साहित्य में विशेष महत्व देकर भारतीय भक्त कवियों ने अपनी कृतियों को काफी जीवंत व सफल बनाया है। मध्ययुगीन भारतीय भक्त कवियों की कृतियों में लोकाचारों की इन विविध विशेषताओं को बड़ी मात्रा में ढूंढ़ सकते हैं। यह लोक साधना उनके अभिमत के अनुकूल ही थी।

भारतीय भक्ति साहित्य में इस लोक पक्ष ने अपनी अत्यंत महत्वपूर्ण भूमिका निभायी है। ईश्वरीय साधना व भक्ति के क्षेत्र में इस लोक निरूपण ने ऐसी सफलता प्राप्त की कि भक्ति-दर्शन की निगूढ़ जटिल बातें सरल स्वीकारयोग्य व अनुकरणयोग्य हो गयीं। भारतीय भक्ति साहित्य लोक कंठ की मधुर वाणी को अपने में सँजोकर अधिक सुलभ बन गया। भारत के गाँव-गाँव, गली-गली में आख्यान, उपाख्यान से भरे, गेय पदों से गुंजित लोक जीवन की सरलताओं को लेकर भारतीय भक्ति साहित्य लोक-सुलभ-गम्य तथा लोक प्रचलित व कालजयी बन गया है।

लोक साहित्य में रामायण एवं महाभारत कथाएँ

मिथकीय कथाएँ व पौराणिक आख्यान भारतीय सभ्यता और संस्कृति के अपृथक्करणीय ग्रंथ हैं। भारतीय जीवन न केवल इनसे प्रभावित है, बल्कि सतत इनसे विकासोन्मुख अपनी ऊर्जा प्राप्त करता आ रहा है। भारत में इन आख्यानों की ऐसी परंपरा और प्रसार रहा है, जो अटूट व अटल है। समय-समय पर भारतीय मेधा ने अपने चिंतन-मंथन से इनको सतत संशोधित, जीवनानुकूल, अधिक प्रामाणिक, जीवंत बनाने के सफल प्रयास किए हैं। इसलिए अविच्छिन्न परंपरा के होते हुए भी भारतीयों की यह अमूल्य पौराणिक संपत्ति चिरपरिवर्तनशील रही है। परिवर्तनशीलता जीवंतता के मौलिक तत्वों में एक है। इसी विशेषता के कारण ही बहुत प्राचीन माने जानेवाले भारतीय पौराणिक काव्य और उनके आख्यान आज भी प्रासंगिक एवं जीवनोत्तेजित करनेवाली क्षमता रखते हैं। इतना ही नहीं भारत में इनका प्रचार एवं प्रसार इतने बड़े पैमाने पर हुआ है कि ये भारतीय जनता की नस-नस में घुल मिलकर उनके जीवन के अभिन्न अंग बने हुए हैं। भारत में ऐसा कोई व्यक्ति नहीं होगा, जो इन आख्यानों से अपरिचित हो।

इन पौराणिक आख्यानों के लिपिबद्ध रूप कवि विशेष के नाम से बहुत बाद में जनता के सामने आये होंगे, ऐसा अनुमान किया जाता है। यह भी माना जाता है कि इन पौराणिक आख्यानों एवं काव्यों की सुदूर लंबी मौखिक परंपरा रही होगी। मौखिक परंपरा किंवा जनश्रुतियाँ जनता में प्रचलित अलिखित स्रोतों से कवि विशेष ने उन्हें ग्रहण कर लिया होगा। परन्तु यह बड़ा विवादास्पद विषय है कि लिपिबद्ध पुराण-काव्यों के आदि स्रोत जनता में प्रचलित मौखिक आख्यान परंपराएँ हैं या मौखिक आख्यान परंपराओं ने ही लिपिबद्ध काव्य-पुराणों से अपनी वस्तु को चुना है। इतना तो अवश्य है कि भारतीय भाषाओं में प्राप्त पुराण-काव्यों के अनेक विचित्र आख्यान-उपाख्यान इन्हीं मौखिक आख्यान परंपरा किंवा लोक साहित्य पर आधारित हैं। इन पुराण-काव्यों में विशेषकर रामायण और महाभारत में अनेक ऐसे आख्यान-उपाख्यान प्राप्त होते हैं, जो मूल लिपिबद्ध रूपों से सर्वथा भिन्न हैं। ये भिन्नताएँ प्रदेश विशेष में प्रचलित मौखिक काव्य-परंपराओं से ही उद्भुत हुई होंगी। इसलिए भारत में प्राप्त रामायण महाभारत के आख्यान-उपाख्यानों में अनेक स्तरों पर भिन्नताएँ दिखाई पड़ती हैं। इन भिन्नताओं को उस प्रदेश विशेष की जनता की मौलिक संपत्ति मान लेनी चाहिए। अतः पौराणिक-काव्यों से लोक साहित्य किंवा मौखिक काव्य परंपराओं का अत्यंत महत्वपूर्ण संबंध है।

अन्य पौराणिक आख्यानों की तरह लोक साहित्य में रामायण एवं महाभारत से संबंधित पौराणिक प्रसंग बड़ी संख्या में प्राप्त होते हैं। विविध संदर्भों में गाये जानेवाले छोटे-छोटे लोक गीतों

से लेकर लंबे-लंबे स्वतंत्र कथागीत रचनाओं में भी इन पौराणिक कथाओं का उल्लेख मिलता है। लोक साहित्य में प्राप्त ये पौराणिक आख्यान मात्र धार्मिक ही नहीं, बल्कि भारतीयों के सुख-दुखों, सभ्यता-संस्कृति के आधारभूत व आदिस्रोत भी हैं। विश्व सभ्यता में भारतीयों को शीर्षस्थ स्थान दिलानेवाले वेद और उनमें निक्षिप्त ज्ञान लोक सुलभ नहीं है। वेदों के बाद वेदों के समान ज्ञान और जन कल्याण के दिशा-निर्देशन कर सकनेवाले ग्रंथ पौराणिक काव्य और उनमें उल्लिखित आख्यान-उपाख्यान हैं। ये पौराणिक उपाख्यान लोक सुलभ होने के कारण सभी भारतीयों को माननीय एवं अनुकरणीय बन पड़े हैं। रामायण, महाभारत, महाभागवत आदि पौराणिक काव्य सभी भारतीयों को समान रूप से प्रभावित कर सकनेवाले कल्पनातीत हृदयोद्गार हैं। फिर इन तीनों में भी रामायण ने अपने आदर्श मानवीय गुणों से भारतीय जनमानस पर अपनी अमिट छाप छोड़ी है। उसमें वर्णित प्रसंग पारिवारिक, सामाजिक एवं मानवीय संबंध धर्म, नीति, आदर्श आदि की व्याख्याएँ यहाँ तक कि संपूर्ण जीवन-पद्धति भारतीयों की आचार संहिता का ही आधार बनी है।

रामायण में चित्रित अनेक प्रसंग जनता के हृदयों को अनोखे ढंग से स्पंदित करके रसोद्रेक करने में अत्यंत सक्षम हैं। धार्मिक व नैतिक मूल्य जीवन सापेक्ष्य होते हैं। महाभारत काल तक आते-आते भारतीय जीवन में कई विलक्षण परिवर्तन हुए। जीवन के सापेक्ष्य धार्मिक व नैतिक मूल्यों की पुनर्व्याख्या हुई। जीवन के लक्ष्य और उनकी पूर्ति के मार्ग बदलते गये। मानव जीवन में सरलता की जगह जटिलता अपना महत्व बढ़ाने लगी। जीवन की यह जटिलता महाभारत युग के बाद निरंतर बढ़ती गयी और संश्लिष्ट होती गयी। जीवन की जटिलता के सापेक्ष पर विकसित आदमी के जटिल मानसिक स्वभाव ने मानव जीवन के उच्चतम जीवनादर्श के रूप में रामायण को ही मानने के पक्ष में होगा, न कि थोड़ा बहुत जीवन के अनुकूल परिवर्तित महाभारतकालीन जीवनादर्श को। इसलिए भारतीयों का, खासकर जानपदों का झुकाव महाभारत की तुलना में रामायण की ओर ज्यादा दिखाई पड़ता है।[3]

रामायण एवं महाभारत के उपाख्यान ग्रहण में लोक चित्त की महत्वपूर्ण भूमिका होती है। जानपद अपने आप में सरल स्वभाव के होते हैं। वे कृत्रिमता से कोसों दूर सहज जीवन चाहनेवाले होते हैं। वे अमलिन, शांत, सरल, स्वतंत्र जीवन के प्रेमी हैं। सरलता उनकी विशेषता है, तो भावुकता उनकी आत्मा है। वे दूसरों के सुख-दुखों को अपना माननेवाले दयालु हैं। द्वेष, प्रतिशोध आदि गुणों के होते हुए भी प्रेम, अनुराग, स्नेह आदि से दूसरों के साथ जीवन बाँटने के मानवतावादी हैं। इन सभी कोमल वृत्तियों से संपन्न जानपदीय जन-मानस को धर्म-अधर्म की जटिल व्याख्या प्रस्तुत करनेवाली महाभारत की तुलना में रामायण अनुसरणीय किंवा प्रिय लगना उचित ही है।

जानपदों की सरल मानसिकता के कारण ही लोक साहित्य में महाभारत की अपेक्षा रामायण ने एक अतुलनीय व अद्वितीय स्थान प्राप्त कर लिया है। लोक साहित्य में रामायण की तुलना में महाभारत कथाश्रित लोक गीतों की संख्या ही अधिक है। नारी हृदय को जीतनेवाले, रसावेग और रोमांच किंवा तादात्म्य कर सकनेवाले प्रसंग व पात्र, विचित्र माया कथा प्रसंगों से भरी महाभारत की अपेक्षा रामायण में अधिक मात्रा में दिखाई पड़ते हैं। महाभारत कथा की कुंती, गांधारी, द्रौपदी, उत्तरा, दुस्सला, भानुमती, सत्यवती, सुदेष्णा जैसी नारी पात्र अपने शील, स्वभाव, चरित्रों के कारण

स्त्रियों के सहज कोमल मन को द्रवीभूत कर सकने की क्षमता रखने के बावजूद रामायर्ण की सीता की गरिमा के सामने फीकी पड़ जाती हैं। कुछ सीमा तक द्रौपदी जन सुलभ, जन रंजित, जन हृदयहारी पात्र होने पर भी सीता की तरह जनता के अनुराग, आत्मीय जनों के प्रति दिखानेवाली कसक, सहानुभूति आदि आम जनता से प्राप्त नहीं कर सकी हैं।

सीता और द्रौपदी दोनों पुरुष वर्ग के आभिजात्य, अहंकार, मिथ्या सम्मान के शिकार बने पात्र हैं। लेकिन इन दोनों के चरित्रों में अने स्तरों पर विलक्षण अंतर प्रस्फुटित होते हैं। द्रौपदी अपने प्रति हुए अपमान, अन्याय का विरोध अत्यंत सफल ढंग से कर सकनेवाली मानसिक धैर्य प्राप्त नारी के रूप में उभरती है। यहाँ तक कि अपने संपूर्ण अपमानों का बदला लेने की क्षमता उसमें दिखाई पड़ती है। जबकि जानकी में वे गुण कहाँ? बगैर किसी अपराध की सजा भुगतनेवाली, पतिपरायण, अपने कष्टों को अंदर ही अंदर मूक रूप में सहनेवाली सहनशील सीता में ही जन मानस तल्लीन हो उठना स्वाभाविक है। सहनशील, करुणाशील, अनुरागमय सीता में आंध्र जनता अपनी माँ को देखती है। इसलिए उसे 'सीतम्म' कहकर संबोधन करती है। 'सीतम्म' उनकी माँ है। श्रीराम उनके पिता हैं। इसी बुनियादी धारणा की वजह से स्त्रियों के गीतों से समृद्ध तेलुगु लोक साहित्य में 'रामायण' और उसके विभिन्न उपाख्यानों को अत्यंत महत्वपूर्ण स्थान दिया गया है। अन्य पौराणिक कथाओं एवं प्रसंगों की अपेक्षा रामायण से संबद्ध स्त्रियों के लोकगीत ही बड़ी संख्या में प्राप्त होते हैं। जानपदीय हृदयों को उत्तेजित व स्पंदित कर सकने की जो शक्ति रामकथा में है, वह अन्यत्र दुर्लभ है।

जानपद अपनी मानसिकता और अपने जीवनानुकूल कथा प्रसंग, रस प्रधान स्थितियों को ही अपने गीतों के लिए चुनते हैं। विशेषकर वे करुण, हास्य, भयानक, वीर आदि रसों को अधिक महत्व देते हैं। लोक साहित्य में इसलिए इन्हीं का समावेश ज्यादा दिखाई पड़ता है। इस दृष्टि से भी रसोद्वेग जगाकर स्त्रियों को रुलाकर आँसू बहा सकनेवाले प्रसंग महाभारत की अपेक्षा रामायण में यत्र-तत्र दिखाई पड़ते हैं।

रामायण में चित्रित सीता से संबद्ध अनेक संवेदनशील व मार्मिक प्रसंगों के आधार पर आंध्र के जानपदों ने अनेक चित्ताकर्षक लोकगीतों की रचना की है।[4] कारण यही है कि सीता ने जितने कष्टों को झेला था, शायद ही इतिहास में किसी दूसरी नारी ने भोगा हो। इसलिए प्रताड़ित एवं अनेक दुखों से युक्त सीता के जीवन ने जन-मानस पर अमिट प्रभाव डाल दिया है कि स्त्री जीवन में संप्राप्त कष्टों को आंध्र प्रांत में 'सीतम्म कष्टालु' के रूप में अभिवर्णित किया जाता है। अनेक बाधाओं एवं कष्टों से पीड़ित नारी को देखने पर सायास ही सीता के कष्ट 'सीतम्म कष्टालु' भोग रही है, कहकर तसल्ली देने की परंपरा आंध्र प्रांत में सर्वत्र दिखाई पड़ती है। इतना ही नहीं, उस स्त्री पर 'सीता' के नाम का आरोप करके उसके मानसिक भार को हलका करने का प्रयास भी करते हैं। लोकगीत गानेवाले लोक गायक सीता के कष्टों को अपना मानकर और अपने कष्टों को सीता पर आरोप करके 'सीता' के प्रति तादात्म्य हो जाते हैं। इसलिए आंध्र प्रांत की स्त्रियाँ सीता को अपने से भिन्न नहीं मानती हैं। अपने सुख-दुखों की कहानी सीता को सुनाती हैं, तद्वारा मानसिक शांति की अपेक्षा भी करती हैं। जीवन में प्राप्त सुख-दुखों को सीता और राम के साथ जोड़कर उठते-बैठते, सोते-जागते, बोलते-गाते हर समय सीता-राम नाम स्मरण करके ही वे अपने जीवन को सफल व

पुनीत बनाना चाहते हैं। इसलिए आंध्र लोक साहित्य के अनेक लोकगीतों की समाप्ति सीता-राम के नाम स्मरण से होती है। नित्य राम-नाम स्मरण करनेवाले इन जानपदों का जीवन ही राममय है। उनका तन-मन-धन रामार्पित है।

महाभारत के किसी भी पात्र व प्रसंग के साथ इस प्रकार के अटूट संबंध को नहीं देख सकते हैं। जानपदों की मानसिकता एवं कल्पनाशीलता विलक्षण होती है। निस्सहाय, निरपराधी, झूठे आरोपों के शिकार होकर असीम दुख झेलनेवाले पात्र व प्रसंग उनके चित्त को शीघ्र आकर्षित कर लेते हैं। रामायण के आख्यान-उपाख्यानों में इसी प्रकार के मार्मिक स्थलों ने इन लोक गायकों को अपनी ओर खींच लिया है। इतना ही नहीं, जानपदों की दृष्टि में सीता और राम भगवद् अंश के अवतार पात्र नहीं हैं। वे दुखों में रोनेवाले और सुखों में तन्मय होकर आनंद मनानेवाले साधारण से स्त्री-पुरुष हैं। शायद इस दृष्टि के कारण ही वे सीता और राम को अपने से अलग नहीं मानते हैं, बल्कि अपने में एक मानते हुए उनके साथ तादात्म्य हो उठते हैं। इसलिए सीता-राम न केवल उनके आदर्श पात्र बने हैं, बल्कि अत्यंत आत्मीय पात्र भी।

लोक रामायणों के संग्रह कार्य

'रामायण' भारतीयों का आदिकाव्य ही नहीं बल्कि भारतीयों की 'भावना' व जीवन-दर्शन का प्रतिबिंब भी है। वाल्मीकि रामायण के पूर्व अष्टादश पुराणों में राम और उनकी कथा का विवरण प्राप्त होता है। वाल्मीकि ने उन कथाओं से वस्तु ग्रहण की होगी। परन्तु इसके स्पष्ट प्रमाण प्राप्त नहीं होते हैं। वाल्मीकि के बाद वाल्मीकि से अत्यधिक प्रभावित तथा उन्हें अपने प्रिय कवि के रूप में माननेवाले महाकवि कालिदास के 'रघुवंश' में रामकथा के साथ-साथ सूर्यवंशीय राजाओं का विपुल व सुंदर वर्णन मिलता है। कालिदास के बाद संस्कृत में रामकथा की एक सुष्ट परंपरा प्राप्त होती है। संस्कृतेतर भारतीय भाषाओं में इतनी प्राचीन परंपरा मिलती नहीं है। परन्तु 10वीं शताब्दी ई.से सभी भारतीय भाषाओं में रामकथा साहित्य या रामायण काव्य लिखे गये हैं।

शिष्ट रामायणों की इस सुदृढ़ व समृद्ध परंपरा के समानांतर जनश्रुतियों के रूप में किंवा लोक प्रचलित लोकरामायणों की एक लंबी परंपरा रही होगी। यह कहना आज कल्पनाजनित व प्रतिबद्ध आक्षेप हो सकता है कि शिष्ट रामायणों का आधार लोक प्रचलित ये लोक रामायण ही रही होंगी। शिष्ट रामायणों का रस ग्रहण पांडित्य प्रतिभा की अपेक्षा करता है। वस्तुतः काव्य शास्त्रीय नियमों तथा साहित्यिक सूक्ष्मताओं के आलोक में ही इनका रसास्वादन संभव है। परन्तु लोक रामायणों की संप्रेषणीयता इनमें से किसी की भी अपेक्षा नहीं रखती है। उनका रूप गठन व शैली शिल्प की वैशिष्ट्यता लोकग्राह्य के लिए अतिसुलभ है। लोक चित्त को आकर्षित करने तथा उत्तेजित करने के सभी साहित्यिक संस्कार उनमें बहुत सरल रूप में भरे रहते हैं। उनमें व्यक्त विचार अनुभव प्रसूत है। वे जीवन के सुख-दुखों के निछोड़ से बने घोल मात्र ही हैं। इसलिए वे अपनी सरलता एवं सरसता में लोक चित्त को मोह लेते हैं। प्रामाणिक अनुभवों के सतत संशोधित होने के कारण ये लोक रामायण प्राचीन होते हुए भी अर्वाचीन लगती हैं। इनकी लंबी परंपरा तो है ही लेकिन इनके उद्भव के समय का पता लगाना आसान काम नहीं है बल्कि असंभव भी है।

कथा गायन भारतीयों की अतिप्राचीन साहित्यिक परंपरा है। वैदिक काल में ही ऋषि-आश्रमों में वेदों का पठन-गायन होता था। वेदों के उपरांत अष्टादश पुराण भी इसी शैली में लोक प्रचलित हुए। पुराणों का लोक प्रसार भी इसी गायन शैली में ही होता था। आदि काव्य माने जानेवाली वाल्मीकि रामायण भी लवकुश के द्वारा गायन शैली में ही लोक प्रसारित हुई थी। वाल्मीकि ने अपने आश्रम बालक व श्रीरामचंद्र जी के पुत्र लव और कुश को पूरी रामकथा को सुनाया था। फिर लव और कुश ने उसी रामकथा को अश्वमेध यज्ञ के पहले श्रीरामचंद्र जी के दरबार में गायन किया था। वाल्मीकि रामायण में उल्लिखित यह प्रसंग ही दो अमूल्य प्रमाण प्रस्तुत करता है। पहला किसी भी

कथा के लोक प्रसार के लिए 'गायन' एक सरल साधन था। तथा जनता कथागायन को अत्यधिक पसंद करती थी। दूसरा लोक कथा गायन आदि काव्य शिष्ट रामायण से भी प्राचीन है। ये दोनों प्रमाण लोक रामायण परंपरा को न केवल अतिप्राचीन सिद्ध करते हैं बल्कि शिष्ट रामायणों के लिए वे ही अजस्र स्रोत होने के तर्क प्रस्तुत करते हैं।

यह तथ्य यह सिद्ध कर देता है कि लोकरामायण शिष्ट रामायणों से अतिप्राचीन हैं। इस अतिप्राचीन परंपरा का उद्गम स्थल तक पहुँचने के लिए आज कोई साधन उपलब्ध नहीं है। न ही अतिप्राचीन काल में प्रचलित लोक रामायण आज प्राप्त ही होती है। अनेक युगों से जनता के कंठ में अनाश्रुत ही अजस्र धारा के रूप में प्रवाहित होनेवाली अनेक लोक रामायण अलिखित ही अथाह काल सागर में संगम हुई होंगी। यह इसलिए विश्वसनीय एवं प्रामाणिक लगता है कि आज उपलब्ध लोक रामायण संख्या में अत्यल्प हैं। काल प्रवाह से बचकर सहज जीवन बल से पोषित होकर लोक साहित्य के साहसी संग्रहकर्ताओं की लेखनियों के स्पर्श से बहुत कम रचनाएँ जनालोक में आ पायी हैं। संग्रहकर्ताओं की लेखनियों से दूर और भी कई रामायण जनता के मध्य में आने से वंचित हैं।

यह मानना पड़ेगा कि तेलुगु में लोक रामायणों के संग्रह कार्य कम ही हुए हैं। संग्रहकर्ताओं के कठिन प्रयासों से प्रकाश में आयी और जनता को अपने सहज सौंदर्य से अभिभूत करनेवाली लोक रामायण सख्या में बहुत ही कम हैं। आंध्र के सभी प्रदेशों में परिव्याप्त इन लोक रामायणों को संग्रह करने के कार्य अत्यंत अपेक्षणीय व प्रशंसनीय हैं। इस महती कार्य में योगदान देनेवाले महानुभाव नित्य स्मरणीय हैं। सभ्य जनता एवं पंडितों से भी प्रशंसित इस महती कार्य को आंध्र में सबसे पहले संपन्न करनेवाले विद्वानों में श्री नंदिराजु चलपतिराजु का नाम बड़ी आदर के साथ लिया जाता है। श्रीकृष्णश्री 'श्री पाद गोपाल कृष्णमूर्तिजी' के अनुसार वे स्त्रियों के वाणिबद्ध वाङ्मय के पितामह है। उन्होंने सन् 1900 ई. में और सन् 1903 ई. में स्त्रियों के द्वारा गाये जानेवाले अनेक गीतों का संग्रह करके प्रकाशित किया है। इन में अनेक छोटे गीतों के साथ साथ अनेक लंबे कथा-गीत भी संकलित हैं।

श्री राजु के स्तर के तथा श्री राजु जैसे लोक गीत संग्रह कार्य करनेवाले वरिष्ठ लोकविद् श्री मंगु रंगनाथ राजु जी हैं। उन्होंने सन् 1905 ई. में 'नूरु हिंदू स्त्रील पाटलु' (हिंदू स्त्रियों के सौ गीत) नामक शीर्षक के अंतर्गत स्त्रियों के गीतों के साथ-साथ 'तुलाभारमु' नाम से कुछ यक्षगानों को (आंध्र के लोक नाटच रूप) भी प्रकाशित किया है। सन् 1905 ई. में और सन् 1950 ई. के बीच में छोटे-छोटे लोकगीतों के कई संग्रह प्रकाशित हुए हैं। लोकगीतों के संग्रह-कार्य में उल्लेखनीय योगदान 'आंध्र सारस्वत परिषद्' हैदराबाद संस्था की ओर से भी हुआ है। इसी लक्ष्यपूर्ति के लिए इस संस्था की स्थापना सन् 1955 ई. में हुई थी। इस संस्था ने रामायण, महाभारत, शैवागम वेदांत आदि विषयों से संबंधित लोकगीतों को संकलन करके प्रकाशित किया है। इसके साथ ही इस संस्था ने आंध्र की स्त्रियों के द्वारा गाये जानेवाले लोक गीतों के अनेक संग्रह भी प्रकाशित किये हैं। इसी साहित्यिक संस्था की ओर सन् 1955 ई. में श्रीकृष्णश्री के संपादन में 'स्त्रील रामायणपु पाटलु' (रामकथा पर आधारित स्त्रियों के गीत) शीर्षक से स्त्रियों के द्वारा गाये जानेवाले लंबे लोकगीतों का प्रकाशन हुआ है। इस ग्रंथ में लगभग 42 छोटी-बड़ी लोक रामायण संकलित हैं। श्रीकृष्णश्री के द्वारा लिखित इस

ग्रंथ की भूमिका भी अत्यंत महत्व रखती है। इस भूमिका के द्वारा उन्होंने न केवल आंध्र लोक रामायणों का संक्षिप्त परिचय प्रस्तुत करते हुए उनकी विशेषताओं पर प्रकाश डाला है बल्कि लोक साहित्य के प्रति रुचि रखनेवाले तथा लोक साहित्य के संग्रहकार्य के प्रति प्रतिबद्ध संग्रहकर्ताओं को इस प्रकार के संग्रह कार्य करने की बलवती प्रेरणा दी है। इनसे प्रेरणा एवं प्रोत्साहन प्राप्त करके बाद में अनेक संग्रहकर्ताओं ने तेलुगु की लोग-रामायणों के संग्रह कार्य किए हैं।

स्त्रियों के द्वारा गाये जानेवाले लोक गीतों को संग्रह करके उनका वर्गीकरण विश्लेषण करके विविध पत्र-पत्रिकाओं में उन को उचित स्थान दिलाने की चेष्टा करनेवालों में श्रीकृष्णश्री के साथ-साथ श्री टेकुमह्ल कामेश्वरराव भी अग्रणी हैं। इन के प्रयास अप्रतिम एवं अमोघ हैं। श्रीकृष्णश्री की लोक रामायणों से संबद्ध लेख 'भारती', 'किन्नेरा', 'गृहलक्ष्मी' आदि तेलुगु की प्रमुख पत्रिकाओं में प्रकाशित हुए हैं। उनमें 'स्त्रील कथा गेयमुलु' (स्त्रियों के कथागीत), 'स्त्रील गेय कथलु' (स्त्री कथा गेयमुलु) स्त्रियों के कथा गीत 'स्त्रील गेय कथलु', स्त्रियों की गीत-कथाएँ 'स्त्रील परमार्दिक गेयमुलु', स्त्रियों के वेदांत परक गीत 'देशी सारस्वत विभूति' ग्रामीण साहित्य विभूति, 'स्त्रील गेय कथा वाङमयमु' स्त्रियों के कथा गीत वाङ्मय नामक शीर्षकों से प्रकाशित हुए हैं। श्री टेकुमह्ल कामेश्वर राव जी ने 'गृहलक्ष्मी', 'सौभाग्य', 'किन्नेरा' नामक पत्रिकाओं में 'स्त्रील पाटलु' (स्त्रियों के गीत) नाम से अनेक लंबे गीतों का प्रकाशन करवाया है। उन्होंने सन् 1953-55 ई. के बीच उपर्युक्त पत्रिकाओं में प्रकाशित अपने लेखों को पुस्तकाकार में 'आंध्र जानपद गेय वाङ्मय चरित्र मोदटि संपुटमु' (आंध्र लोकगीत वाङमय का इतिहास-पहला खंड) शीर्षक से प्रकाशित किया है। इसमें रामकथा पर आधारित अनेक लोकगीत संगृहीत हैं।

लोक रामायणों पर काम करनेवाले एक और शीर्षस्थ विद्वान श्री नेदुनूरि गंगाधरमजी हैं। उन्होंने मिथकीय कथाओं पर आधारित लोक गीतों को 'पुराण साहित्यमु' नाम से अपने 'मुन्नीरु' नामक लोक साहित्य ग्रंथ में संग्रह करके प्रकाशित किया है। इसमें रामकथा से संबंधित अनेक लोक गीत उपलब्ध होते हैं। श्रीहरि आदिशेषुवु जी ने भी कथा गीतों को स्त्रियों के गीतों के रूप में स्वीकार किया है। मिथकीय वस्तु पर आधारित इन लोकगीतों को उन्होंने फिर रामायण कथा पर आधारित, महाभारत कथा पर आधारित तथा महाभागवत कथा पर आधारित गीतों के रूप में अलग-अलग वर्गीकरण किया है। लोक साहित्य के बहुमुख पारखी विद्वान आचार्य बिरुदु राजु राम राजु ने सन् 1958 में अपने शोध प्रबंध 'तेलुगु जानपद गेय साहित्यमु' को प्रकाशित करते हुए कहा था कि श्री नेदुनूरि जी ने कथागीतात्मक 50 लोक रामायणों को संग्रह किया है।[5] उन रचनाओं के नामोल्लेख करते हुए उन्होंने कुछ रचनाओं का संक्षिप्त परिचय व विशेषताओं का विश्लेषण भी किया है।

सन् 1972 ई. में 'जानपद कला संपदा' नामक ग्रंथ में आचार्य तूमाटि दोणप्पा जी ने रायलसीमा प्रदेश में विविध संदर्भों में गाये जानेवाले रामकथा पर आधारित अनेक लोक गीतों को संग्रह करके 'रायलसीमा पह्ले पाटलु-रामायणमु' (रायलसीमा प्रांत के ग्राम गीत और रामायण) नामक शोधपरक लेख को प्रकाशित किया है। इसमें संगृहीत कथागीत छोटे-छोटे होने पर भी रायलसीमा प्रदेश में लोकप्रिय राम कथांशों को स्पष्ट करने में अत्यंत सक्षम दिखाई पड़ते हैं। इनके बाद सन् 1982 ई. में डॉ. जी.यस. मोहन जी ने 'स्त्रील पाटलु-अनंतपुरमु मंडलमु' नामक शोध

प्रबंध के लिए लगभग तीस कथागीतों को संग्रह किया है। उनमें 'श्री रामुल जननमु', 'एरुक्ल गद्धे' नामक दो रचनाएँ विशेष उल्लेखनीय हैं। जो आंध्र प्रदेश के अनंतपुर जिले में गाये जानेवाले राम कथा पर आधारित कथागीत हैं। सन् 1982 ई. में ही श्री एल्लोरा जी ने 'जानपद साहित्यमु' (लोक साहित्य) ग्रंथ के द्वारा अनेक लोकगीतों का संग्रह किया है। उसमें 'राम कथामृतमु' नामक अध्याय में 'रामनाममु', 'ऊर्मिल सुषुप्ति', 'आलोचनालोचनमु', 'लक्ष्मणोदार्पुलु', 'सीतम्म वेविल्लु' नामक लंबे गीतों के साथ-साथ रामकथा पर आधारित अनेक छोटे-छोटे गीतों का भी संग्रह करके प्रकाशित किया है।

सन् 1983 ई. में डॉ. रावि प्रेमलता जी ने 'तेलुगु जानपद साहित्यमु पुराणगाथलु' (तेलुगु लोक साहित्य : मिथकीय गाथाएँ) नामक शोध प्रबंध के लिए खासकर आंध्र के तेलंगाना जनपद में गाये जानेवाले अनेक रामायण गीतों को संग्रह किया है। सन् 1987 ई. में डॉ.चिगिचर्ला कृष्णा रेड्डी जी ने 'ग्रामीण संस्कृति-अनंतपुरमु जिला जानपद गेयालु' (ग्रामीम संस्कृति : अनंतपुर जिले के लोकगीत) नामक ग्रंथ में प्रकाशनार्थ अनेक लोक गीतों का संग्रह किया है। इसमें विशेषकर (पृ. 53,56) उत्तर रामायण से संबद्ध एक लंबा लोक गीत संगृहीत हैं। इसके अतिरिक्त प्रस्तुत ग्रंथ के लेखक को भी उत्तर रामायण से संबंधित एक लंबा कथागीत प्राप्त हुआ है। जिसे उन्होंने सन् 1993 ई. में प्रकाशित किया है। यह लंबा कथागीत आंध्र प्रदेश के कर्नूल जिले के नंद्याल प्रांत में अत्यंत प्रचलित है।

इस प्रकार तेलुगु में अब तक प्रकाश में आयी लोक रामायण संख्या में अत्यल्प तो हैं। परन्तु वे यह सिद्ध कर देती हैं कि आंध्र में रंगनाथ रामायण, भास्कर रामायण, मोल्ल रामायण आदि शिष्ट रामायणों के समानांतर अनेक लोक रामायण प्रचलित थीं। आंध्र में इन लोक रामायणों का प्रचलन यह स्पष्ट कर देता है कि आंध्र की जनता इन लोक रामायणों से अत्यधिक निकट संबंध रखती है। इस घनिष्ठ संबंध के कारण ही समयानुसार आंध्र के लोक जीवन में हुए परिवर्तन इनमें परावर्तित हुए हैं। इन परिवर्तनों ने लोक रामायणों को अधिक प्रामाणिक, विश्वसनीय व जीवनानुकूल बना दिया है। इन परिवर्तनों के कारण ही शिष्ट रामायणों से भिन्न अनेक नये-नये उत्तेजित करनेवाले रोचक प्रसंगों ने इनमें स्थान प्राप्त किया है। वे प्रसंग और इनके द्वारा व्यक्त विचार जीवनानुभव प्रसूत हैं। इसलिए वे अत्यधिक सहज व प्रामाणिक तथा हृदयस्पर्शी होते हैं। जीवन को भिन्न कोण से परखने की इनकी अनोखी दृष्टि कभी-कभी पांडित्य प्रतिभा से लदी रामायणों से अधिक संप्रेषणीय व विश्वसनीय लगती है। कालानुसार प्रक्षिप्त ये प्रसंग जीवन के उतार-चढ़ाव के सूचक भी हैं। साथ ही सांस्कृतिक परिवर्तनों के कारणों एवं दिशाओं की ओर संकेत करनेवाले दीप स्तंभ भी हैं। इसलिए भारतीय संस्कृति को समझने में वे लोक रामायण अत्यधिक उपयोगी सिद्ध हो सकती हैं। भारतीय संस्कृति की संपूर्ण व समग्र पहचान इन लोक रामायणों से संभव है। अतः प्रकाशन से दूर आज भी जन हृदय में प्रचलित इन लोक रामायणों का संग्रहण-प्रकाशन कार्य भारतीय सभ्यता एवं संस्कृति की पुनर्रचना की दिशा में श्लाघनीय होंगे।

तेलुगु लोक रामायण और उनका स्वरूप

रामायण मात्र मिथकीय काव्य या रामकथा काव्य ही नहीं बल्कि वह भारतीयों के धर्म, भक्ति, श्रद्धा, आदर्श, सभ्यता व संस्कृति आदि के रूपबद्ध आदर्श राष्ट्रीय ग्रंथ हैं। रामायण लौकिक और अलौकिक साधना के लिए परम उपजीव्य कथा काव्य है। जिस लौकिक साधना से भारतीय अलौकिक जीवन प्राप्त करना चाहते हैं वह साधना रामायण में अतिसुलभ रूप में विवेचित है। रामायण भारतीय जीवन आदर्श का मेरुदंड है। रामायण भारतीय मूल्यों का उत्कृष्टतम मानदंड भी है। भारतीय जीवन के सुख-दुख, जय-पराजय, जीवन-मूल्यों के ह्रास-विकास के लिए रामायण ही साक्षी है। भारतीयों के पौराणिक, धार्मिक और साहित्यिक साधना के श्रेष्ठ रूप रामायण में प्राप्त होते हैं। रामायण इस रूप में भारतीय जीवन में काफी महत्व रखती है। इस अप्रतिम महत्व के कारण ही रामायण भारतीय जीवन का अभिन्न अंग बन गयी है।

रामायण के द्वारा भारतीय जीवन को अच्छी तरह समझा जा सकता है। भारतीय जीवन का विकास, संघर्ष, अच्छाई-बुराई रामायण में परावर्तित होती रही है। इसलिए रामायण भारतीय सांस्कृतिक विकास का अकथनीय साक्ष्य ग्रंथ भी है। भारतीय संस्कृति के सभी तत्व अपने श्रेष्ठ एवं आदर्श रूप में रामायण में परिलक्षित होते हैं। भारतीय संस्कृति भिन्नता में एकता की अनोखी संस्कृति है। जीवन की भिन्नता ही इस विलक्षणता का मूल कारण है। जीवन और साहित्य का आपसी संबंध व अटूट संबंध होता है। साहित्य जीवन संघर्ष से उद्भूत बौद्धिक संचित ज्ञान है। जीवन की आधारभूत सुविधाओं की भिन्नताएँ जीवन-संघर्ष को भी भिन्न बनाती हैं। इसलिए साहित्य में प्रादेशिक जीवन-संघर्ष अपने प्रामाणिक रूप में व विलक्षण रूप में परावर्तित होता है। यही जीवन में सांस्कृतिक भिन्नता के रूप में दिखाई पड़ती है। वही साहित्य में विलक्षण चित्रणों व पात्रों के सृजन के लिए कारण भी बनता है। इसलिए साहित्य में प्रादेशिक जीवन की पूरी संस्कृति ही झलकती है। प्रादेशिक जीवन भिन्न होने के कारण ही उस पर आधारित साहित्य भी भिन्न प्रकार का हो जाता है। ये भिन्नताएँ मात्र प्रदेश सापेक्ष ही नहीं होती हैं। बल्कि काल सापेक्ष भी होती है। जीवन व जीवन-मूल्य काल सापेक्ष ही होते हैं। समय के साथ संघर्ष पर आधारित मूल्य बदलते रहते हैं। साहित्य भी इन बदलने वाले मूल्यों को आत्मसात करता है। अतः एक ही साहित्य में मूल्यों के ह्रास-विकास तथा जीवन के उत्थान-पतन को रेखांकित किया जा सकता है। दूसरे शब्दों में सांस्कृतिक भिन्नताएँ काल सापेक्ष भी होती हैं।

अनेक स्तरों पर भिन्नताओं के होने के बावजूद एकता के भी सुदृढ़ सूत्र भारतीय जीवन या साहित्य में देख सकते हैं। जैसे गुलाब का पेड़ तो एक ही है। उसका जैविक व तात्विक तत्व भी एक

ही है। पर उससे निकलनेवाले फूल भिन्न रंगों के हैं। यह बात मिथकीय कथाओं का ग्रहण और संप्रेषण के क्षेत्र में भी देखी जा सकती है। अनादि से भारत में अनेक मिथकीय कथाओं व साहित्यिक परंपराओं का प्रचार रहा है। परन्तु भारत के विभिन्न प्रदेशों में इन मिथकीय कथाओं और साहित्यिक परंपराओं का ग्रहण और संप्रेषण एक जैसा नहीं रहा है। प्रादेशिक भिन्नताओं के आलोक में ही यह हुआ है। इसलिए उन मिथकीय कथाओं में तथा साहित्यिक परंपराओं में प्रादेशिक विशेषताएँ भी आ गयी। प्रादेशिक जन जीवन की समस्त विशेषताएँ तथा उनकी सांस्कृतिक मौलिक धारणाएँ उन मूल मिथकीय कथाओं में प्रक्षिप्त होती गयीं। इसी से भारत के विभिन्न प्रदेशों में एक ही मिथकीय कथा के विभिन्न रूप पाये जाते हैं। इसे उस प्रदेश विशेष की मौलिक देन मान लेनी चाहिए। रामायण या रामकथा इसका अपवाद नहीं है। रामकथा मूल में वाल्मीकि प्रसूत है। परन्तु प्रादेशिक भाषाओं में भिन्न कोटि की रामायण मिलती हैं। यह भी मान लेना चाहिए कि भारतीय भाषाओं में उपलब्ध होनेवाली अधिकांश रामायणों का मूल प्रेरणा-स्रोत वाल्मीकि रामायण ही है। प्रादेशिक भाषाओं में उपलब्ध होनेवाली रामायणों की भिन्नता के लिए मुख्य कारण प्रादेशिक भिन्नता, जनजीवन का बदलाव, सभ्यता-संस्कृति, आचार-व्यवहारों की भिन्नता, जलवायु की भिन्नता, भिन्न चिंतन धाराएँ तथा कल्पना वैषम्य आदि है। तेलुगु भाषा भी इसका अपवाद नहीं है। तेलुगु भाषा प्रदेश की विभिन्न अनोखी विशेषताओं के अनुरूप ही तेलुगु में भी भिन्न प्रकार की अनेक रामायण लिखी गयी है। उनकी संख्या एवं उनका परिचय देना यहाँ अनावश्यक है। परन्तु तेलुगु भाषा प्रदेश में बहु प्रचलित लोक रामायणों का परिचय देना इस विषय का मूल आशय है।

कवियों एवं पंडितों के द्वारा लिखित शिष्ट रामायणों का अध्ययन-विश्लेषण, व्याख्या-विवेचन कई बार कई स्तरों पर किया गया है। किंतु युग युगों से लोक कवि गायकों के अमंद कंठों में ही साँस लेते-गूंजने वाली कलम के स्पर्श से दूर लोक रामायणों की संख्या असीम एवं अनिर्णीत है। पानी पर तैरनेवाली बर्फ की तरह इनकी संख्या का सही अनुमान लगाना असंभव है। फिर भी लोक साहित्य के संग्रह कर्ताओं के साहसी तथा निष्ठा से भरे कार्यों के फलस्वरूप आज कुछ लोक रामायण अपने लिपिबद्ध रूप में उपलब्ध हो रही हैं। यह निर्विवाद रूप से कहा जा सकता है कि इनको छोड़कर और भी कई रामायण लोक गायकों के कंठों में ही वास करते हुए अजस्र बह रही हैं। प्रसिद्ध लोक साहित्य-विद् व चिंतक आचार्य बिरुदुराजु राम राजु दावा करते हैं कि उन्होंने इस प्रकार के प्रकाशित 50 लोक रामायणों को एकत्र किया है।[6] उनमें से कुछ रामायणों के नाम या शीर्षक भी उन्होंने दिये हैं। जैसे कूच कोंड रामायणमु, शारद रामायणमु, श्रीमद्रामायणमु, धर्मपुरी रामायणमु, राम सुधार्ववमु, मोक्षगुंड रामायणमु, सूक्ष्म रामायणमु, श्री राम दंडमुलु, रामायण गोब्बि पाट, श्रीराम जावलि, अडविशांत पेंड्लि, सेतु गोविंद नाममु आदि हैं।

मुख्यतया तेलुगु में अब तक तीन प्रकार की लोक रामायण प्रकाश में आयी हैं। दूसरे शब्दों में अब तक तेलुगु में तीन प्रकार की लोक रामायणों का प्रकाशन ही संभव हो सका है। पहले प्रकार के अंतर्गत उपर्युक्त सभी रामायण आती हैं। जिनमें रामकथा पूर्ण रूप से वर्णित है। रामकथा के कुछ इनेगिने अंशों के आधार पर लिखी गयी रामायण दूसरे प्रकार के अंतर्गत आती हैं। जैसे रामुलवारिअलुका, श्रीरामुल उग्गु पाट, शांता कल्याणमु, पुत्रिकामेष्टि, कौसल्य वेविल्लु, राघव

कल्याणमु, सुंदरकांड पदमु, ऋष्पुला आश्रममु, सुग्रीव विजयमु, कोवेल रायभारमु, अंगद रायभारमु, कुशलव कुच्चल कथा, कुश लव युद्धमु, वेपूरि ब्रतुकम्म कुशलव पाट, कुशलव होममु, पाताल होममु, शतकंठ रामयणमु आदि इस प्रकार के अंतर्गत आनेवाली लोक रामायण हैं। तीसरे प्रकार के अंतर्गत आंध्रों की आत्मजा सीता को ही आधार बनाकर लिखी गयी रामायण आती हैं। सीता वसंतमु, सीता वामन गुंटलु, सीतम्मवारि अलुका, सीता पुट्टुक, सीता कल्यणमु, सीतनु अत्तवारिंटिकम्पुट, सीता समर्ता, शुभ गोष्टि, सीता घडिया, सीता सुरटि, सीता मुद्रिकलु, सीता आनवालु, सीता अग्निप्रवेशमु, सीता वेविल्लु आदि इसी प्रकार की कृतियाँ हैं। ये तीनों प्रकार की रामायण तेलुगु के अथाह लोक साहित्य सागर गर्भ से चुनी हुई चंद मोतियाँ हैं। और भी अनेक इस प्रकार की बहुमूल्य मोतियाँ लोक-साहित्य-सागर के अनंत अंध गर्भ में अन्वेषकों की प्रतीक्षा करती होंगी।

उपर्युक्त लोक रामाणमों में रावण वध के बाद श्रीराम जी का राज्याभिषेक, सीता का वनवास, कुशलव जन्म, श्रीराम से कुशलव का युद्ध, कुशलव का राज्याभिषेक आदि उत्तर रामायण संबंधी प्रसंगों को लेकर लिखी गयी रामायण अत्यल्प हैं। आंध्र में 'सीता' पात्र अत्यंत लोक प्रिय पात्र है। अनेक दुखों से भरा उसके जीवन में वनवास का प्रसंग बहुत महत्व का है। बगैर अपने किसी अपराध के उसे दूसरी बार वनवास झेलते देखकर जानपदों के हृदय करुणा से पिघल जाते हैं। जानपद में इस प्रकार की मान्यता प्राप्त करने के कारण, बहुत कम संख्या में प्रकाशित होने के बावजूद उत्तर रामायण कथा से संबद्ध प्रसंग लोक गायकों के अतिप्रिय प्रसंग माने जाते हैं। आंध्र प्रदेश के तेलंगाना प्रदेश की 'बाल संतु' जाति के लोक गायकों का परिचय देते हुए डॉ. रावि प्रेमलता जी ने इसकी प्रकार का विचार प्रकट किया है। उन्होंने लिखा है कि तेलंगाना प्रांत में इस जाति के लोग घर-घर भीख माँगते हुए लोक गीतों को गाते अपनी जीविका चलाते हैं। उनसे उत्तर रामायण संबंधी गीत सुनकर श्री प्रेमलता जी लिखती हैं कि रावण वध के बाद रावण से मुक्ति प्राप्त करने पर भी सीता के दुख दूर नहीं हुए। धर्म रश्रक, प्रजा रक्षक श्रीराम एक साधारण धोबी की बातों पर विश्वास करके पतिव्रता सीता जी को दूसरी बार जंगल भेजने का प्रसंग जानपदों के भावावेग का कारण बनता है। रामकथा संबंधी गीत गाने के लिए जब मैंने उनसे पूछा तो उन्होंने सर्वप्रथम सीता के इस दूसरी बार के वनवास से संबद्ध उत्तर रामायण को ही गाकर सुनाया है।[7]

अब तक उपलब्ध उत्तर रामायण संख्या में कम होने पर भी जनता में उनके प्रति अत्यंत प्रेम और बार-बार सुनने की बलवती इच्छा दृष्टिगोचर होती है। उपर्युक्त रामायणों में जहाँ संपूर्ण रामकथा गायी गयी है वहाँ विधिवत उत्तर रामकथा वर्णित हुई है। उनके अतिरिक्त अलग स्वतंत्र रूप में कुशलायकमु, कुशलव कुच्चल कथा, कुशलवुल युद्धमु, वेपूरि ब्रतुकम्म कुशलव पाट, कुशलव होममु आदि उत्तर रामकथा पर ही आधारित कृतियाँ अब तक प्रकाश में आयी हैं। इनमें से अधिकांश तटवर्ती आंध्र और तेलंगाना प्रांत में गाये जानेवाली हैं। रायलसीमा प्रांत के गीत अभी प्रकाश में नहीं आये हैं, ऐसा विद्वानों का विचार है । 'स्त्रील रामायणपु पाटलु' नामक ग्रंथ के लिए गीतों का संकलन करते हुए श्रीकृष्णश्री और 'जानपद कला संपदा' नामक ग्रंथ के लिए भूमिका लिखते हुए राह्रपल्लि अनंतकृष्ण शर्मा जी ने इस बात का दुख प्रकट किया है।

इस रूप में स्वतंत्र रूप में प्रकाशित हुई रामायणों के साथ कथागीत वर्ग से अलग स्त्री या पुरुष

विविध संदर्भों में गानेवाले छोटे-छोटे लोकगीतों में भी रामकथा से संबंधित अनेक प्रसंग पाये जाते हैं। उदाहरण के लिए सोहनी के गीत, जांत गीत, लोरी गीत, रोपन के गीत, सयानी गीत आदि इसी कोटि के अंतर्गत आते हैं। उनमें से मुख्य एवं रोचक लगनेवाले कुछ गीतों का यहाँ उल्लेख करना मैं आवश्यक मानता हूँ। आचार्य तूमाटि दोणप्पा जी ने रायलसीमा प्रांत के विविध संदर्भों में गाये जाने वाले इस प्रकार के अनेक गीतों को इकट्ठा करके प्रकाशित करवाया है।

सर्वप्रथम एक जांत गीत है। संदर्भ सीता स्वयंवर का है। राम ने शिव धनुष तो तोड़ दिया है। जनक महाराज के घर में विवाह के क्षण हैं। विवाह की तैयारी में भारी भीड़ व कोलाहल है। स्त्रियाँ विवाहोपयोगी वस्तुओं की तैयारी में अत्यंत व्यस्त हैं।

मुत्याल रव्वाल मुत्तैदुलारा
इन्टिलो जेसेरु ऐ मेमि पनुले
गोधुमलु इसिरेरु गोड बूसेरु
पन्दिर्लु येसेरु पसुपु दन्चेरु
जनकुल सीतम्म पेंड्लि पनुलम्मा
नल्ल नल्लनि रूपु नयनालु येरुपु
वारि भाषाल तोड वाकिट निलिचि
भाम नडुगोच्चिन वारलेवरम्मा
सीता नडुगोच्चिन सिरि मन्तु लेवरु
कौसल्या तनयुले काकुच्चकुलुले
साकेत रामुल्ले शांत तम्मुल्ले
कूतुरु सन्नादि कुलमु दोड्डादि
अन्तकु सन्नोडे अइवोद्धि रामु
सिवु विल्लु विरिसिन सिरिये बोलनिरि

(इस गीत में काम करनेवाली स्त्रियाँ एक-दूसरे से प्रश्न कर रही हैं। जनक महाराज के महल में स्त्रियाँ विवाह की क्या-क्या तैयारियाँ कर रही हैं? गेहूँ पीस रही हैं, दीवारें पोत रही हैं। तम्बू डाल कर हल्दी कूट रही हैं। काले-काले और जिसकी आँखें लाल हैं। वह कौन है कि जो सीता के साथ रिश्ता तय करने आये हैं। शायद वह कौसल्या पुत्र हैं। इक्ष्वाकु वंशज हैं। शांता के छोटे भाई हैं। हमारी बेटी तो छोटी है। उनका कुल अति ऊँचा है। उससे भी बढ़कर अयोध्या के राम दुबले पतले और अतिसुंदर हैं। बताओ बाई कितना कन्याशुल्क दिया जा रहा है। शिव धनुष तोड़नेवाले श्रीराम ही कन्या शुल्क है।)

गाँवों में खासकर फुरसत के समय स्त्रियाँ या पुरुष कोलाट (एक फुट साइज की छोटी-छोटी रंगीन लाठियाँ) खेलते-खेलते गीत गाते हैं। इस प्रकार के गीतों में भी रामकथा के प्रसंग दिखाई पड़ते हैं। इसी प्रकार के निम्न गीत में भी रामकथा का प्रसंग आया है। निम्नगीत में रावण हनुमान संवाद है। रावण लंका के सामने अयोध्या को तुच्छ ठहराना चाहता है। इसलिए हनुमान के सामने लंका की तुलना अयोध्या से करने लगता है। इस प्रसंग पर आधारित निम्न गीत अत्यंत मनोहर बन पड़ा है—

माटिकि माटिकि नम्मु माटिमाटिकि नम्मु
बोरोरि अंटावु येराजु बन्टुवुर बोरी
श्री राम बंटुक्नी माराजु सुग्रीवुलु
अंजना तनयुड अनुमन्न नापेरु बोरी
मी पट्नमुलोन मी पट्नमुलोन
इट्लांटि रच्चलु येन्नेन्नि गलवुर बोरी
मा पट्नमुलोन मा पट्नमुलोन
इट्लांटि रच्चलु जालाटि बंड लेर बोरी
मी पट्नमुलोन मी पट्नमुलोन
इट्लांटि मेडलु एन्नेन्नि गलवुर बोरी
मा पट्मुलोन मा पट्नमुलोन
इट्लांटि मेडलु बोम्मरिन्ड्लेनेर बोरी
मी पट्नमुलोन मी पट्नमुलोन
इट्लांटि वनमुलु वेन्नेन्नि गलवुर बोरी
मा पट्नमुलोन मा पट्नमुलोन
इट्लांटि वनमुलु कुराकु पादुलेरा बोरी

(इस गीत में रावण-हनुमान संवाद है। रावण हनुमान को तथा राम को नीचा दिखाने के लिए अपने लंका नगर की तुलना अयोध्या से करने की कोशिश करता है। उसी कोशिश में रावण हनुमान से प्रश्न करता है कि बार-बार मुझे तू तू कहकर संबोधन कर रहे हो तुम किसका नौकर हो? हनुमान उत्तर देता है कि मैं श्रीराम का नौकर हूँ। सुग्रीव हमारा राजा है। मैं अंजनी देवी का पुत्र हूँ। मेरा नाम हनुमान है। फिर रावण प्रश्न करता है कि तेरे नगर में पंच मंडप (इसे तेलुगु में रच्च बंड कहा जाता है। यह वह जगह है जहाँ बैठकर पंच न्याय करते हैं) कितने हैं। हनुमान उत्तर देता है कि इस प्रकार के पंच मंडप हमारे नगर में गुसलखाने के पत्थरों (जालाटि बंड) की तरह अनेक हैं। फिर रावण प्रश्न छेड़ता है कि तेरे नगर में बड़े-बड़े भवन कितने हैं? हनुमान उत्तर देता है कि हमारे नगर में इस प्रकार के बड़े भवन बच्चों के खिलौनों के सदृश्य अनेक हैं। फिर प्रश्न करता है कि तेरे नगर में इस प्रकार के सुंदर वन कितने हैं? हनुमान उत्तर देता है कि हमारे नगर में इस प्रकार के उपवन साग-सब्जी की तरह अनेक हैं।)

'लक्ष्मण मूर्च्छा' से संबद्ध निम्न सोहनी-गीत गाती हुई आंध्र की स्त्रियाँ तन्मय होती हैं। इंद्रजित के बाण से बेहोश हुए लक्ष्मण को देखकर श्रीराम बिलख-बिलखकर रो रहे हैं। दोनों के बीच के प्रेम व रागात्मक संबंध और बड़े भाई होने के नाते अपने उत्तरदायित्व का स्मरण करते आँसू बहाने वाले श्रीराम को देखकर जनता की आँखें वाष्पाच्छादित हुए बिना रह नहीं सकती हैं।

मूर्छिल्लिन तम्मुनि मूर्छिल्लिन तम्मुनि
मुंदरेसुकुनि मुनिगे दुःखमुलो लक्ष्मणा
रामुलु मुनिगे दुखमुलो लक्ष्मणा

येडमु येडमे गानि येडमु येडमे गानि
येदटि केम्ञडु रावु तोडलपै कोस्तिवय्य लक्ष्मणा
बोडिलोनि कोस्तिवय्य लक्ष्मणा
एद्धु कोम्मुलवाल एद्धु कोम्मुलवाल
इद्दरुंटिमि मनमु वोंटिगाञ्ञइति नय्या
लक्ष्मणा सोंटि तिप्पलोञ्चे नय्या
कूर्चिना मुत्याल कूर्चिना मुत्याल
कुच्चुलाला मनमु कूडि उंटिमि तम्मुडा
लक्ष्मणा दागु कुंटिवे लक्ष्मणा
याडरा सीतंटे येमि जेप्पुदु तम्मुडा
लक्ष्मणा येमि जेतुरा लक्ष्मणा
कोंड गर गर दिप्पि कोंड गर गर दिप्पि
कोनले दाटे से कोंड तल्लटिस्तादि लक्ष्मणा
तम्मुड़ा गुंडि तल्ल टिस्तादि लक्ष्मणा
पगवानि बाणालु पगवानि बाणालु
पैपैन वस्ताई पलुक वेमिरा तम्मुडा
लक्ष्मणा पार जूडर लक्ष्मणा
पगवाडु गादञ्ञ पगवाडु गादञ्ञ
मनवाडे अनुमन्न तेस्तुंडे संजीविनी
लक्ष्मणा तेञ्चेने द्रोणाद्रिनी लक्ष्मणा।[8]

(प्रस्तुत गीत में अपने अचेत भाई लक्ष्मण को सामने रखकर श्रीराम दुःख के सागर में डूब गया है। विलाप करते हुए कह रहा है कि संकोचवश हमेशा दूर-दूर रहनेवाले हे लक्ष्मण! तुम्हारा सिर आज मेरी जाँघों पर आ गया है। आज तुम मेरी गोद में आराम कर रहे हो। बैल के सींगों की तरह हम मिल जुल कर थे। हे भाई तुम आज कहाँ छिप गये हो। अयोध्या में लोग प्रश्न करेंगे कि लक्ष्मण कहाँ है? सीता कहाँ है? तो उन्हें मैं क्या जवाब दूँ। पहाड़ों को भी कँपा देनेवाले शत्रु के बाण ऊपर गिर रहे हैं। तुम बोलते क्यों नहीं? ओ मेरे भाई आँखें खोलकर देखो। वह शत्रु नहीं है। हमारा हनुमान है। संजीवनी पर्वत को उठाकर ला रहा है।)

इस प्रकार लंबे-लंबे कथागीतों के अतिरिक्त विविध संदर्भों में गाये जानेवाले छोटे-छोटे लोक गीतों में भी रामकथा पर आधारित अनेक सुंदर व भावनोत्तेजित प्रसंगों का अत्यंत मार्मिक ढंग से चित्रण हुआ है। लंबे कथानक प्रस्तुत करने में असमर्थ होते हुए भी ये अपनी सहज लय व प्रवाहमयता के कारण श्रोताओं के हृदयों पर गहरी चोट करने में अत्यंत सफल होते हैं। इन गीतों की विलक्षणता यह भी है कि वे गीत रामकथा के मूल प्रसंगों पर आधारित होने के बावजूद पग-पग पर इनमें प्रादेशिक विशेषताएँ झलकती हैं। उदाहरण के लिए सीता विवाह के दौरान महल में काम करनेवाली स्त्रियाँ सीता के विवाह में राम के द्वारा दिये जाने वाले 'कन्याशुल्क' का उल्लेख

करती हैं। यह प्रसंग शिष्ट रामायणों में मिलता नहीं है। लोक कवि गायक ने इसकी कल्पना की है। स्पष्ट है कि तेलुगु में उपलब्ध होनेवाली लोक रामायण अनोखी हैं। तथा शिष्ट रामायणों से एक कदम आगे बढ़कर जीवन की छोटी सी छोटी विलक्षणताओं को रामकथा के माध्यम से प्रतिबिंबित करती हैं। यह तथ्य यह सिद्ध करता है कि लोक साहित्य लोक जीवन का सच्चा प्रतिबिंब है।

लोक रामायणों में अवाल्मीकीय अंश

यह मतभेद का विषय रहा है कि लोक रामायणों का निर्माण पंडितों के द्वारा लिखित रामायणों के आधार पर हुआ है या शिष्ट रामायणकर्ताओं ने लोक रामायणों में प्रचलित व मार्मिक प्रसंगों को अपनी रचनाओं में स्थान दिया है। दूसरे शब्दों में लोक रामायण शिष्ट रामायणों के आधार हैं। या शिष्ट रामायण ही लोक रामायणों के आधार हैं। जो भी हो अपनी अनुश्रुत, अनिर्णीत, अस्थायी प्रवृत्ति के कारण लोक रामायणों को ही मूल मानने का पक्ष थोड़ा कमजोर ही लगता है। तेलुगु में वाल्मीकि रामायण के समानांतर अनेक शिष्ट रामायण लिखी गयी हैं। अधिकांश विद्वान आलोचकों का विचार है कि अधिकांश तेलुगु रामायणों में लोक रामायणों के अनेक विचित्र व जन प्रचलित प्रसंगों का अनुकरण देखने को मिलता है। स्पष्ट है कि इस प्रकार मार्मिक एवं जनानुकूल प्रसंग जन मध्य में प्रचलित होने के बाद ही शिष्ट रामायणकर्ताओं ने अपनी कृतियों में उनको स्थान दिया है। महत्व की बात यह है कि इन लोकधारणा-लोकविचार-लोकविश्वासों पर आधारित लोक रामायणों का काल निर्णय करना भी आसान नहीं है। इससे बढ़कर चिर परिवर्तनशील लोक रामायणों का कौन सा अंश या कौन सा प्रसंग कब किसने किस विश्वास के आधार पर जोड़ा है या तोड़ा है, कहना भी कष्टसाध्य है। इसलिए कौन किस का प्रेरणा स्रोत है। लोक रामायण शिष्ट रामायणों का है या शिष्ट रामायण लोक रामायणों का है, कहना कठिन है।

परन्तु एक जन धारणा सर्वत्र यह सुनायी पड़ती है कि आदि कवि वाल्मीकि हैं। उनके द्वारा रचित रामायण महाकाव्य ही आदि काव्य है। इसलिए इस शीर्षक के विषय पर चर्चा करना न तो विषयांतर है न ही अप्रासंगिक है। युग-युगों से प्रचलित शिष्ट रामायणों के प्रसंगों व कथाओं को जानपदों ने अपने विशेष संस्कार-व्यवहार, आचार-संहिता आदि पर आधारित अपने जीवन के अनुकूल बदल लिया होगा। इसमें बाह्य-भौतिक जीवन की अपेक्षा उनकी मानसिक वृत्ति के अनुकूल की दिशा में ये परिवर्तन ज्यादा हुए होंगे। क्योंकि आदमी का मन उसके समस्त कार्य-व्यवहारों को नियंत्रित एवं दिशा निर्देशन करता है। सृजनात्मक प्रक्रिया में भी भौतिक-बाह्य प्रभावों की अपेक्षा व्यक्ति के आंतरिक मन की धारणाएँ ही ज्यादा सक्रिय भाग लेती हैं। आदमी की प्रकृति और उसकी सृजनात्मक शक्ति के बारे में तेलुगु के प्रसिद्ध कवि और आलोचक आचार्य सी. नारायण रेड्डी जी के निम्न विचार इस संदर्भ में उल्लेखनीय हैं। उन्होंने लिखा है कि मानव की प्रकृति चमत्कारमय और आवेगबद्ध होती है। कुछ विचित्र प्रवृत्तियों से आच्छादित मानव प्रकृति का प्रतिबिंब ही कविता है।[9] आचार्य नारायण रेड्डी जी ने आवेग और चमत्कार इन दोनों प्रवृत्तियों को आदमी की प्रकृति के विशिष्ट लक्षणों के रूप में स्वीकार किया है। अलिखित, अनुश्रुत लोक साहित्य में इन दोनों की

प्राचुर्यता अत्यधिक दिखाई पड़ती है। नागर-पंडितों की कल्पना और लोक-कवि-गायकों की कल्पना में अंतर होने के बावजूद लोक गायकों की मनःप्रवृत्ति बहुत कुछ आवेग और चमत्कार से प्रभावित होने के नाते अत्यंत विचित्र लगती है। उनकी कल्पना इन विचित्र संस्कारों से प्रेरित होने के कारण ही लोक साहित्य में अनेक अनोखे, रोमांचकारी प्रसंग व भाव प्रस्फुटित होते हैं। वास्तव में ये गुण ही लोक साहित्य की आत्मा है। इन्हीं के कारण ही लोक-साहित्य आदमी के हृदय में अंदर तक घुसकर अनुपम प्रभाव उत्पन्न करता है।

लोक गायकों ने वाल्मीकि रामायण व अन्य रामायणों से कथा-प्रसंग ग्रहण करने पर भी अपने जीवन के सुख-दुख, आदत-संस्कारों के सापेक्ष उनमें अनेक परिवर्तन कर दिये हैं। शिष्ट रामायणों में जीवन के उच्चतम आदर्शों का प्रतिबिंब दिखाई पड़ता है। तो लोक गायकों के लोक रामायणों में जीवन का भोगा हुआ यथार्थ। जीवन के यथार्थ और उसके सापेक्ष्य अभिव्यक्त भावों के भंडार होने के नाते लोक रामायण शिष्ट रामायणों की तुलना में अत्यंत सहज, सरल, अनुकरणीय, अपने और श्रोताओं को अपने सौंदर्य से आकृष्ट कर सकने की क्षमता रखती हैं। लोक रामायणों में व्याकरणिक नियमों, काव्य शास्त्र नियमों की अपेक्षा रसावेश और भावोत्तेजना को ज्यादा महत्व दिया जाता है। आवेग, उद्वेग और चमत्कार आदि की प्रमुखता ने कहीं-कहीं लोक रामायणों के प्रसंगों को असाधारण और कभी-कभी औचित्य से भी दूर रख दिया है। उदारता से इस प्रकार के स्थलों को लोक गायकों की विचित्र व वैशिष्ट्य प्रवृत्ति के अंतर्गत ही मान कर उनके गीतों पर औचित्य दोष का आरोप नहीं करना चाहिए। इस प्रकार दोषारोपण करना उनके प्रति और उनके साहित्य के प्रति अन्याय ही होगा। लोक गायकों की मनोवृत्ति और अन्य कारणों से उत्पन्न ये परिवर्तन किसी एक के द्वारा किये गये परिवर्तन नहीं हैं। कालांतर में एक से दूसरे के संक्रमण में ये परिवर्तन निष्पन्न हुए होंगे। चिर परिवर्तनशील मानव जीवन भी इन परिवर्तनों के कारणों में एक हो सकता है। इन परिवर्तनों के कारण लोक रामायण अपने अनूठे प्रसंगों, चमत्कारी घटनाओं के बल पर शिष्ट रामायणों से अलग लगने पर भी रामकथा में समुचित संशोधन करके उसको एक नया लोकप्रिय रूप प्रदान करने में अत्यंत सक्षम है। तेलुगु लोक रामायणों का उल्लेख करते हुए आचार्य बिरुदुराजु राम राजु ने इसी बात की ओर संकेत किया है। उन्होंने लिखा है कि रामकथा के प्रति आंध्र जनता की बड़ी निष्ठा है। आंध्र के जनपद में सीता-राम के जीवन को बड़ी श्रद्धा के साथ उच्च आदर्श माना जाता है। इसलिए लोक गायकों ने अपनी इच्छा से जनजीवन के अनेक सामान्य प्रसंगों को भी अपने सरस चमत्कार वृत्ति में रंग कर उसमें जोड़ दिया है।[10]

अवाल्मीकीय अंशों से भरे उनके कल्पना-चमत्कार ने पंडितों की प्रशंसा भी प्राप्त कर ली है। इसलिए बाद के रामायणकर्ताओं ने निर्भीक होकर इन प्रसंगों को अपनी रचनाओं में प्रक्षिप्त किया है। उदाहरण के लिए तेलुगु में रंगनाथ रामायण कर्ता से लेकर अनेक लोगों ने लोक रामायणों में प्रचलित प्रसंगों को अपनी रचनाओं में समुचित स्थान दिया है। इसलिए लोक-गायकों द्वारा प्रक्षिप्त नये-नये अवाल्मीकीय परिवर्तनों ने रामकथा के पुरातत्वों के रूप में प्रशस्ति प्राप्त की है। ये अवाल्मीकी तत्व आंध्र के किसी एक जनपद से जुड़े हुए नहीं हैं। भिन्न बोलियों और भिन्न प्रदेशों के होते हुए भी इनमें भावना के स्तर पर बड़ी समता परिलक्षित होती है। इस

प्रकार की भाव सादृश्यता किंवा भावात्मक एकता देखकर न केवल बड़ा आश्चर्य होता है बल्कि एक सुदृढ़ राष्ट्रीय एकता की भावना की पुष्टि हो जाती है कि भारत के सभी प्रदेशों की संस्कृतियों की मूल आत्मा एक है। तेलुगु लोक रामायणों में उपलब्ध होनेवाले इस प्रकार के बहुमूल्य अवाल्मीकीय अंशों का विवरण निम्नांकित है।

'सीता' पात्र लोक गायकों का अत्यंत प्रिय पात्र रहा है। इसी कारण से लोक रामायणों में सीता का चरित्र व व्यक्तित्व से जुड़े अनेक नये-नये आयाम दिखाई पड़ते हैं। उनमें सबसे महत्व रखनेवाली सीता के जन्म से संबद्ध घटना है। लोक रामायणों में सीता के जन्म को लेकर अनेक विचित्र धारणाएँ मिलती हैं। वाल्मीकि रामायण में चित्रित सीता श्री महालक्ष्मी के अंश से हल जोतते समय जमीन से जनक महाराज को प्राप्त हुई अयोनिजा है। लेकिन लोक रामायणों में इस प्रसंग की अनेक विचित्र कहानियाँ गढ़ी गयी हैं। आंध्र के महबूबनगर जिले में प्राप्त एक लोक रामायण के अनुसार एक बार त्रिमूर्ति शिकार खेलने गये। शिकार खेलते-खेलते तीनों थक गये। ब्रह्म और विष्णु दोनों जल्दी सो गये। परन्तु शिव जागकर अपने शरीर पर लगी धूल से एक प्रतिमा तैयार करके बगल में रखकर सो गये। कुछ समय के बाद नींद से जगे विष्णु शिव के बगल में निरलंकार प्रतिमा को देखकर उसे सर्व आभूषणों से सजाया। उसके बाद ब्रह्म ने उठकर अति सुंदर लगनेवाली उस प्रतिमा में प्राण डाल दिये। इतने में विष्णु और शिव भी जाग गये। अति सुंदर लगनेवाली उस सुंदरी को देखकर तीनों उससे प्रेम करने लगे। तीनों में उसे प्राप्त करने के लिए होड़ सी हो गयी। इस विवाद का फैसला करने वे जांबवान के पास गये। जांबवान ने फैसला सुनाया कि जिन्होंने उस प्रतिमा को तैयार कर उसमें प्राण डाले हैं वे उसके माँ-बाप होंगे और जिन्होंने आभूषणों से उसे सजाया है, वह उसका पति बनेगा। इस फैसले से त्रिमूर्ति असंतुष्ट होने के कारण जांबवान ने उस सुंदरी युवती को शिशु बनाकर एक पेटी में रख कर भूदेवी को दिया। भूदेवी ने उसे सागर के जल में छोड़ दिया। वह पेटी सागर के तट पर सूर्य नमस्कार करनेवाले जनक महाराज के हाथों में पड़ी। संतान हीन जनक ने बड़े आनंद से उसे अपनाकर पाल-पोस कर बड़ा किया। इस लोक कथा गीत में ऐसा चित्रण भी मिलता है कि इस अतिसुंदर युवती सीता को प्राप्त करने के लिए श्रीविष्णु ने राम के रूप में अवतार लिया है।

आंध्र के मेदक जिले में गाये जानेवाले एक और कथागीत में इससे बढ़कर एक अनूठे प्रसंग का उल्लेख मिलता है। उसमें सीता रावण की दुहिता के रूप में चित्रित है। संतानहीन रावण संतान-प्राप्ति के लिए ब्रह्म की प्रार्थना करने पर ब्रह्म ने उसे दो खर्जूर फल दिये। रावण की पत्नी मंदोदरी ने उन पर विश्वास न करते हुए खाये बगैर उन्हें बाहर फेंक दिये। स्नानगृह के पास गिरे उन फलों से कुछ समय के बाद सीमा जन्म लेकर रोने लगी। स्नान करने गये रावण उसे देखकर अत्यंत प्रसन्न हुए। उसे अपनाते हुए जन्मकुंडली बनाने के लिए पंडितों को बुलाया। लेकिन पंडितों ने जन्मकुंडली के आधार पर सीता के जन्म से लंका नगर का नाश होगा समझकर उसे सागर में फेंक देने की सलाह दी। उनकी बातें मानते हुए रावण ने सीता को सोने की पेटी में रखवाकर सागर के जल में छोड़ दिया। वह पेटी सागर के किनारे तप करनेवाले जनक को मिली। संतानहीन जनक ने बड़े आनंद से उसे अपनाकर पाल-पोस कर बड़ा किया। इसी प्रकार 'शांत गोविंद नाममुलु' नामक लोक रामायण में भी

सीता रावण को कमल के फूल में बैठी मिल जाती है। उपर्युक्त तीनों रचनाओं में सीता सागर से प्राप्त शिशु के रूप में चित्रित है। इस प्रकार सीता के जन्म से संबंधित अनेक विलक्षण प्रसंग व कहानियाँ लोक रामायणों में प्राप्त होती हैं। ये अंश अवाल्मीकीय होते हुए भी जनपदों में अति लोक प्रिय हुए हैं।

सीता जन्म के अतिरिक्त और भी अनेक अवाल्मीकीय अंश लोक रामायणों में प्राप्त होते हैं। उन में सीता-राम के विवाह से संबंधित स्वयंवर की घटना, मंथरा का राम के द्वारा घायल होना, राम-रावण के युद्ध प्रसंग में गिलहरी की कहानी, सुलोचना की कहानी, काल नेमि का इतिवृत्त, मैरावण की कथा, लक्ष्मण जी की हँसी (लक्ष्मण देवर नव्वु), रावण संहार के बाद शूर्पणखा द्वारा राम से बदला लेना आदि अत्यंत उल्लेखनीय प्रसंग हैं। स्थल और संदर्भ को देखते हुए इन सभी प्रसंगों की चर्चा यहाँ अनावश्यक ही लगती है। अंतिम प्रसंग जो उत्तर रामायण से संबंध रखने के कारण और अध्ययन विश्लेषण का मूल प्रतिपाद्य उत्तर रामायण होने के कारण उसकी चर्चा करना अनिवार्य हो जाता है।

लोक गायकों की कार्य-कारण की शक्ति व औचित्य सौंदर्य से पंडितों को अचंभित करनेवाला एक प्रसंग लोक उत्तर रामायण में दिखाई पड़ता है। वह है रावण संहार के बाद शूर्पणखा के पुनरागमन का प्रसंग। शिष्ट रामायणों में सीतापहरण के बाद फिर कहीं शूर्पणखा सक्रिय पात्र के रूप में नहीं उभरती है। परन्तु लोक रामायणों के उत्तर रामायण प्रसंग में फिर शूर्पणखा का उल्लेख पाया जाता है। उसमें अपने मान-अपमान के बाद राम के प्रति जो ईर्ष्या-द्वेष और प्रतिशोध की भावना राम रावण युद्ध में भाई और पुत्रों को खोने के बाद दुबारा भड़क उठती है। उसकी प्रतिशोध की ज्वाला दूसरी बार भी सीता-राम के प्रसन्नमय दांपत्य जीवन को जला कर राख बना देती है।

वाल्मीकि रामायण में राम के राज्याभिषेक के बाद सीता-राम का शांत व आनंदमय दांपत्य जीवन एक धोबी की बातों के कारण टूट जाता है। धोबी की बातों को मान्यता देते हुए गर्भवती सीता को अकरुण राम परित्याग करके पुनः जंगल भेज देता है। सीता वाल्मीकि आश्रम में लव-कुशों को जन्म देती हैं। वाल्मीकि गुरु से लव-कुश शिक्षा प्राप्त करते हैं। राम कनक सीता की सहायता से अश्वमेध यज्ञ का आयोजन करता है। यज्ञ के घोड़े को ब्राह्मण वेशधारी लव-कुश पकड़ते हैं। लव-कुश के साथ युद्ध में राम की पराजय होती है। इसे देखकर सीता भू प्रवेश करती है। राम लव-कुशों को राज्याधिकार सौंप कर स्वर्ग लौटता है। इस कथा में मुख्यतया सीता के द्वारा दूसरी बार वनवास भोगने का कारण धोबी की बातों के रूप में चित्रित हुआ है। लेकिन लोक रामायणों के गायकों ने इसमें औचित्य दोष को देखा है। उनको यह अयथार्थ एवं अविश्वसनीय लगा कि क्या राम जैसे राजा एक साधारण धोबी की बातों पर अपनी धर्म पत्नी को जंगल भेज देगा। इसलिए उन्होंने अपनी रचनाओं में एक अतिमनोहर प्रसंग की कल्पना करके सीता वनवास के लिए एक सुदृढ़ आधार प्रस्तुत किया है। लोक उत्तर रामायण में प्राप्त होनेवाला शूर्पणखा का प्रसंग इसी कल्पना चमत्कार किंवा सुनियोजित अभिव्यक्ति का परिणाम है। लगभग सभी तेलुगु की लोक रामायणों में यह प्रसंग दिखाई पड़ता है। यह मेदक जिले में 'बालसंतु' जाति के लोगों के द्वारा गायेजाने वाले कथागीत में ही नहीं, वेपूरि ब्रतुकम्म कुशलवपाट, कुशलायकमु, कुशलव कुच्चल कथा और कर्नूल जिले के नंद्याल में गाये

जानेवाले उत्तर रामायण (इस पुस्तक के परिशिष्ट में संगृहीत) आदि में भी यह प्रसंग स्पष्ट रूप से दिखाई पड़ता है।

लोक रामायणों के कवि-गायकों ने धोबी के स्थान पर कामरूपी शूर्पणखा से निर्मित माया चित्र को सीता वनवास के सुदृढ़ आधार के रूप में माना है। रामकथा में शूर्पणखा अत्यंत महत्वपूर्ण स्थान रखती है। राम-रावण युद्ध का अगर मूल कारण सीता को मान लें तो सीतापहरण के लिए शूर्पणखा का पराभव ही मूल कारण है। रामकथा में इतना महत्व रखनेवाली शूर्पणखा शिष्ट रामायणों में सीतापहरण के बाद अचानक अदृश्य हो जाती है। फिर कभी सामने नहीं आती है। लोक गायकों ने इस शूर्पणखा को सीता-राम के आनंदमय दांपत्य जीवन में दूसरी बार भी विघ्न-बाधाएँ पैदा करनेवाली नारी के रूप में अतिसुंदर ढंग से उपयोग किया है। रावण संहार के बाद अयोध्या में राज-सुख भोगनेवाले राम को देखकर शूर्पणखा के हृदय में द्वेष प्रज्वलित हो उठता है। प्रतिशोध की ज्वाला उसमें भभक उठती है। 'कुशलवसुचल कथा' में यह प्रसंग अत्यंत सुंदर एवं रोचक ढंग से वर्णित है।

नल्ल वारम्मुलु तेल्ल वारम्मुलु
पच्च देहम्मुलु बाहुलु मीरा।
वेंडि कणतम्मुलु वेसिरि वारिकि
बंगारपु गोलुसुलु वेसिरिगा
अंगद हनुमंता सुग्रीवुलु
जांबवंत विभीषणु मेदलुगा
नीलज पिंगलुलु मोदलगुनु
आडुदमु कोडुदमु कडुद मनुचु
आट्लाडिरा वनमुनलोन
चुप्पनाति तापक तानोच्चे
दुःखिंचेनु तन चित्तमुलोन
मगवानि गानैति पगलु साधिन्चगनु
आडदानिनै यज्ञानि नैति
एमि सेतुननि येडवग दोडगे
दंड कमन्डलमुलु सकलमु दाल्चि
कावि वस्त्रमुलु गट्टेनु मेना।।[11]

(प्रस्तुत गीत में राजाराम अपने सभी साथियों के साथ शिकार खेलने वन चले। उनके साथ काले गोरे सभी प्रकार के रंगवाले विविध आभूषणों से सुशोभित लक्ष्मण, हनुमान, अंगद, सुग्रीव, नील आदि सभी थे। वन में शिकार खेलते आनंदमय राम को देखकर शूर्पणखा को बहुत बुरा लगा। वह चिंता करने लगती है कि अगर वह पुरुष होता तो वह राम से बदला लेती। स्त्री होने के कारण वह कुछ भी नहीं कर पा रही है। उसने निर्णय लिया कि यति वेश धारण करके सीता-राम के दांपत्य जीवन को वह भग्न करेगी। संन्यासिन के वेश में कमंडल, दंड, काषाय वस्त्र आदि पहन कर वह राम के पास गयी।)

इस प्रकार शूर्पणखा अपना वेश बदलकर एक यति के वेश में अपने भाई और पुत्रों के हत्यारे राम से प्रतिशोध लेने अयोध्या पहुँचती है। कुछ लोक रामायणों में शूर्पणखा यति के वेश में नहीं अति सुंदर युवती के रूप में भी चित्रित है। शूर्पणखा की माया से अनभिज्ञ राम उसे सीता के पास भेज देता है। सीता के साथ रहते हुए वह अपनी माया एवं अपनी कार्य-कुशलता से सीता के मन को जीत लेती है। सीता की प्रशंसा प्राप्त कर लेती है। सीता के अतिनिकट पहुँचती है। अत्यंत चालाकी से सीता के मुँह से संपूर्ण रामकथा सुनती है। इससे भी बढ़कर एक दिन राम की अनुपस्थिति में वह रावण की तस्वीर खींचने में सीता को विवश करती है। सीता रावण के पैर के अँगूठे मात्र का चित्र ही खींच पाती है। जिसे उसने रावण के यहाँ रहते समय देखा था।

रावण पटमु व्रासि इच्चिते
ब्रतुकुदुने नीलोकमुलोनु
रावणुडेक्कडे पटमु एकडे
व्रायुट एकड जेप्पवे वनेनु
अत्तलु आडबिड्डलु उंडग
पटमैते जानकि व्रायदुग
पटमु व्रायक पट्नमु कदलनु
अनुचु पलिकेनु आ यति तानु
अंतलोनु राघवुलु तमरप्पुड्डु
प्रयाण भेरि मेट्टु वेइंचे
भेरीरवमुनु भोरुन विनुचु
बेदरुचु शांत इट्लनि पलिके
रामु चित्त मेरीति उन्नदो
व्रायवे जानकी पटमनि पलिके
अप्पुड्डु जानकी इट्लनि पलिके
पदि नेललनु चेनुंटिनि गानि
पाप कर्मुनि कन्नुल चूड
जनकुनिगा भाविस्तिनि नेनु
अंगुष्टमोकटि येरुगुदुनु
अंत मात्रमे व्रायवे यनेनु
अंगुष्ठमु जानकि ताव्रासेनु
आमीद यति अंता व्रासे
काल्लु, व्रेल्लु, पिरुदुलु, पिक्कलु
आ भागमुलन्नियु व्रासे
नीरूपु नलुपु तेलुपे
वेन्नेलु पेरुलु पेरलंदुको नि

चक्कग दानि वज्रमुलु चेक्किकन्चेनु दाश्नि
वैडूर्यमुलु पोदिगिन्चेनु दाश्नि
व्रासेनु पटमु रम्यमुतो
परुगुन वच्चेनु पटमु पट्टुकोनि
चनुर्देचेनु ब्रह्म सन्निधि कप्पुडु
अन्न चच्चि आरु नेलालयेनु
नाटिनुंडि अन्ननु तागाननु
अन्न मारुगा चूसुकोंदुनु
पटमुन कायुवु पोयुमनियेनु
पटमुकु नायुस्सु ब्रह्म पोसेनु
परुगन वच्चेनु पटमु पट्टुकोनि।[12]

सीता के द्वारा बनाये गये अधूरे चित्र को शूर्पणखा पूरा कर लेती है। फिर चित्र लेकर ब्रह्मा के पास दौड़कर उनसे विनती करती है कि भाई पुत्रादि को खोकर कई दिन हो गये हैं। अब उनका कोई सहारा नहीं है। कम से कम चित्र देखकर चित्त को शांत करने के लिए रावण के चित्र में प्राण डाल दें। ब्रह्म चित्र में प्राण डालते हैं। फिर वह चित्र पकड़ कर शूर्पणखा अयोध्या दौड़ कर आती है। अयोध्या में चुपचाप उसे सीता के महल में छोड़ देती है। रावण का चित्र बार-बार सीता को सताने लगता है कि वह उसके साथ लंका आये। सीता रावण के चित्र की इस बाधा से मुक्ति प्राप्त करने के लिए शांता की सहायता से उसे आग में डलवाती है और कुएँ में डुबाती है। लेकिन माया चित्र होने के कारण वह बार-बार सजीव होता है। आखिर राम का नाम लेकर उसे सीता के पलँग के नीचे रखा जाता है। रात को जब राम सीता स मिलने आता है तो पलँग के नीचे से माया चित्र ऊपर उठकर राम को जमीन पर गिरा देता है। इस माया चित्र को देखकर सीता के चरित्र पर शंका करके राम उसे दुबारा जंगल में भेजने का कठोर निर्णय करता है।

मेदक जिले में प्राप्त कथा गीत में यहाँ थोड़ा परिवर्तन दिखाई पड़ता है। ब्रह्मा से चित्र में प्राण डलवाने के बाद शूर्पणखा स्वयं उसे सीता की आँखों से छिपाकर उसके पलँग के नीचे रखती है। इसमें रावण का चित्र सीता को नहीं सताता है। रात को जब राम उस पलँग पर सोने लगता है तो वह उछल कर उसके सामने प्रकट होता है। उसे देखकर राम सीता के चरित्र पर शंका करके उसे जंगल में ले जाकर वध करने की आज्ञा देता है। इस पुस्तक के परिशिष्ट में संगृहीत उत्तर रामायण में भी चित्रपट का प्रसंग दिखाई पड़ता है। उसे सीता स्वयं राम की आँखों से छिपाकर रखने के लिए गुसलखाने में छिपा देती है। वहाँ वह राम के सामने प्रकट होता है। इस प्रकार आंध्र के सभी जनपदों में प्राप्त होनेवाला यह अवाल्मीकि अंश वाल्मीकि रामायण के प्रसंग से बेहतर कार्य-कारण को सिद्ध करता है। सीता परित्याग के लिए रामकथा से किसी भी रूप में संबंध नहीं रखनेवाले धोबी की बातों की अपेक्षा शूर्पणखा, शांता आदि कारण हैं कहना अत्यंत समीचीन लगता है। यह लोक गायकों की कार्य-कारण की शक्ति व औचित्य के प्रति उनकी सतर्कता का एक मर्मस्पर्शी उदाहरण है।

इस प्रकार अवाल्मीकि परिवर्तनों के लिए मुख्य रूप से लोक-कवि-गायकों की मनोवृत्ति, अनुभूति

सत्य पर आधारित उनकी जीवन शैली आदि जिम्मेदार हैं। इनमें से अधिकांश उनके जीवनानुभवों से निष्पन्न अमोघ कल्पनाएँ हैं। साधारण से साधारण प्रसंग का भी वे बहुत चमत्कारी ढंग से उपयोग करते हैं। इस स्तर के एक प्रसंग का यहाँ उल्लेख करना असंगत न होगा। गली में कई प्रकार के खेल (जैसे गेंद, लट्टू आदि) खेलते हुए बच्चे राहीगरों को सताने के दृश्य आंध्र में ही नहीं सर्वत्र सर्व साधारण हैं। गलियों में बच्चों के द्वारा घायल लोग उनसे झगड़ा करके उनके प्रति द्वेष पालने के संदर्भ भी कई दिखाई पड़ते हैं। इस प्रकार की आम घटना से लोक-कवि-गायकों ने फायदा उठाते हुए अपनी रचनाओं में उनका सफल उपयोग किया है। सीता से विवाह रचकर राज्याभिषेक के लिए तैयार बैठे राम को लेकर मंथरा अकारण कैकेई से चुगलखोरी करती है। मंथरा के इस अकारण व्यवहार के कारण रामायण में महत्वपूर्ण मोड़ आता है। आखिर वही राम के वनवास का बलवती कारण बनता है। इतना महत्व रखनेवाला राम के प्रति मंथरा का व्यवहार अकारण है मानना लोक-कवि-गायकों को उपयुक्त नहीं लगा। इसलिए वे बचपन में राम से लट्टू खिलाते हैं। दस वर्ष की उम्र में राम एक बार लट्टू खेलते समय लट्टू जाकर मंथरा के पाँव में लगा। जिससे उसकी अँगुली में चोट आयी। पास में ही खेलनेवाले भरत ने अपने वस्त्र से पट्टी बाँधकर मंथरा को रक्त प्रवाह से बचाया। तब से मंथरा के मन में राम के प्रति द्वेष व भरत के प्रति प्रेम जाग गया।[13] प्रसंग छोटा व साधारण लगने पर भी इसका लोक गायकों ने कितना सटीक और सफल ढंग से उपयोग किया है, देखकर बड़ा विस्मय होता है।

लोक गायकों के इन अवाल्मीकीय अंशों के लिए उनके मानसिक स्वभाव व संस्कार भी काफी सीमा तक उत्तरदायी हैं। लोक-कवि-गायक अशिक्षित एवं गँवार होने पर भी अपनी भावनाओं को सहज रूप से व्यक्त करने में पंडितों से किसी रूप में कम नहीं हैं। अन्य देवताओं की तरह हनुमान भी उनके इष्ट देव हैं। लेकिन वे हनुमान को बंदरप्रवृत्ति से निरपेक्ष देखने में असमर्थ हैं। कम से कम बंदर संस्कार उन पर आरोपित करके व्यंग्य विनोद प्राप्त किये बिना वे संतुष्ट नहीं होते हैं। उनकी भक्ति सहज एवं सायास निष्पन्न प्रेमामृत धारा है। 'लक्ष्मण देवर नव्वु' नामक रचना में इस प्रकार का एक मार्मिक प्रसंग दिखाई पड़ता है। अयोध्या में राम, लक्ष्मण, भरत-शत्रुघ्न आदि के विवाहोपरांत एक बड़ी दावत का आयोजन किया गया। अत्यंत आनंदोत्सव के साथ सभी ने उसमें भाग लिया। लेकिन सभी हनुमान को भूल गये। अभिमान धनी हनुमान दूर से ही यह सब कुछ देखता रहा। राम ने भी अपने भाई और मित्रों के साथ खाते हनुमान की ओर ध्यान नहीं दिया। यह जानकर हनुमान अपने गुस्से को अंदर ही दबाता रहा। काफी समय के बाद हनुमान के धीरे-धीरे वहाँ पहुँचने पर राम को अपनी गलती का अहसास हुआ। अपनी गलती को छिपाने के लिए राम उसे 'उत्तम पुरुष' के संबोधन से पुकार कर बहाना बनाते हैं कि उसे अपना समझ कर भोजन करने विशेष के लिए निमंत्रण नहीं दिया। हनुमान के गुस्से को शांत करने के लिए राम निम्न शब्दों में बहाना बनाते हैं।

इंटि वाडवु गनुक ऊरुकुंटिनि
पोत्तुन गूर्चोम्मि उत्तम पुरुष
नीवुंडगा गदा तम्मुल पंक्ति
भुजिइंप गलिगितिनि हनुमन्न विनुमा
पोत्तुन गूर्चोम्मि उत्तम पुरुषा

'घर का आदमी' कहकर अपनी गलती को छिपाने के बहाने बनानेवाले राम को देखकर हनुमान का गुस्सा कम नहीं हुआ। अपने स्वभाव के अनुसार वह राम और उनके साथ बैठे परिजनों पर व्यंग्य बाण चलाता है। वह राम पर जितना भी गुस्सा क्यों न करे राम प्रसाद को ठुकरानेवाला राम भक्त नहीं हो सकता। इसलिए सबके साथ फिर भोजन तैयार होता है। लेकिन अपने स्वभाव के अनुकूल थाली में भोजन सामग्री परोसकर पेड़ पर चढ़ जाता है। वहाँ से अन्न को गेंद बनाकर नीचे बैठे लोगों पर गिराने लगता है।

सर्वेशु भोजनमु वारागजूचि
मुंदरा पल्लेरमु एत्तुकोनिपोये
ताबोई हनुमन्न अविसि चेट्टेके

पेड़ से अन्न गिराकर हनुमान अपने गुस्से को शांत करता है। तब राम संयम बरतते हुए पेड़ के नीचे खड़े होकर हाथ पसार कर प्रेम से हनुमान को बुलाते हैं। हनुमान पेड़ से कूदकर तोते की तरह उनके हाथ पर बैठ जाता है। उसे नीचे उतार कर राम अपने गले से मोतियों की माला निकालकर पहनाते हैं। राम से माला प्राप्त करने पर पहले की तरह वह फिर लोक-कवि-गायकों का इष्ट देव बन जाता है। उस समय उसके क्रियाकलाप, व्यवहार आदि एक देवता के रूप में नहीं एक साधारण बंदर की तरह ही लगते हैं। जानपद उसे उसी रूप में देखकर ही अपनी श्रद्धा-भक्ति व्यक्त करते हैं। यह प्रसंग उनकी सरल मनोवृत्ति, व स्वभाव का एक मार्मिक उदाहरण बनता है। इस प्रकार लोक रामायणों में लोक-कवि-गायकों की मनोवृत्ति, स्वभाव-संस्कार, आदतों से परिचालित अनेक अवाल्मीकीय अंश दिखाई पड़ते हैं। ये न केवल उनकी प्रभावात्मकता को बढ़ाते हैं बल्कि उसे एक नया सृजनात्मक रूप ही प्रदान करते हैं।

लोक साहित्य में उत्तररामायण की कथा

सीता लोक कवि गायकों की परमप्रिय माँ हैं। सीता के जीवन चरित का गायन इसलिए उनके लिए बड़े उत्तेजक और मन को आह्लाद पहुँचानेवाला है। उस माई के गायन में उनका सुधबुध खोकर तल्लीन होना सर्वसाधारण है। बगैर अपने किसी अपराध के दो बार दुष्कर वनवास की सजा भोगनेवाली सीता का जीवन उन के लिए उच्च आदर्श और उनकी रचनाओं की प्रिय वस्तु बनी है। पहली बार कैकेई के कारण उनके वनवास जीवन के अति कटु अनुभव की अपेक्षा दूसरी बार अपने पति के द्वारा शील-चरित्र के लांछन से संप्राप्त वनवास जीवन का अनुभव उनके लिए और भी असहनीय है। जंगल में गर्भवती सीता के निस्सहाय जीवन के दुखों का गायन करते हुए लोक-कवि-गायकों की आँखों से अनायास ही आँसू टपकने लगते हैं। इसलिए दूसरी बार के इस वनवास जीवन ने जानपदों के हृदयों पर अपनी अमिट छाप छोड़ी है। इसलिए रामकथा से संबद्ध लोक गीत गानेवाले लोक गायक सर्वप्रथम 'सीता' का ही स्मरण करना किंवा सीता से संबद्ध लोक गीतों को अत्यंत कलात्मक व मार्मिक ढंग से गाना जानपदों में हम देखते हैं। अपने आत्मीय जनों से दूर अकेली साधनहीन गर्भवती सीता की निस्सहायता कठोर हृदयवालों को भी द्रवीभूत करती है। निस्सहाय सीता अपनी साधनहीनता पर रोती हुई निर्जन जंगल में बच्चे को जन्म देने का निम्न दृश्य हृदय स्पर्शी बन पड़ा है।

टेकुटाकुलु तेन्येनम्मा
कोडुकुनु पंड बेट्टिंदि
निम्मल्लु कोट्टिंदि-नीडल्लु वेसिंदि
वट्टिमामिन्ड्लु कोट्टिंदि
कोडुकुकु उय्याल कट्टिंदि
पलगुल्लु तोटि बोड्डु कोसिंदि
केवुमनि कोडुकु केकेलु पेट्टे
एत्तुकुनेंदुकु अय्यलु लेरू
एमि चेदुना कोडुका
अरन्डमुन नञ्जिडिसि पेट्टि पोइरि
अनि एकमैन दुखमुतीय बट्टे।[14]

इसलिए सीता की निस्सहायता, निरीहता, निष्कपटता, सहनशीलता का उद्गीत गानेवाली उत्तर रामायण को ही लोक-कवि-गायकों ने अपने लोक गीतों में अत्यंत महत्वपूर्ण स्थान दिया है। संपूर्ण

व समग्र रामकथा को प्रस्तुत करनेवाली लोक रामायणों के अतिरिक्त तेलुगु में उत्तर रामायण की कथा स्वतंत्र रूप से प्रस्तुत करनेवाली अनेक रचनाएँ अत्यंत लोकप्रिय हुई हैं। कागज कलम के स्पर्श से दूर और भी कई रचनाएँ आंध्र की जनता में जीवंत हैं। उत्तर रामायण कथा पर आधारित स्वतंत्र रचनाओं में कुशलायकमु, कुशलव कुच्चल कथा, कुशलव कुच्चल चरित्र, कुशलवुल युद्धमु, वेपूरी ब्रतुकम्मा कुशलव पाट, कुशलव होममु आदि अब तक अत्यधिक प्रचलित हुई हैं। इन सभी में उत्तर रामायण की कथा ही अति सुंदर ढंग से चित्रित है। इनके अतिरिक्त जानपद विविध संदर्भो में गानेवाले सोहनी के गीत, जांत गीत, रोपन के गीत आदि में भी उत्तर रामायण के अंश पाये जाते हैं। ये लघु गीत होने पर भी नावक के तीर के समान हैं। श्रोताओं के हृदयों तक घुस जाने की असीम क्षमता इनमें पायी जाती है। स्वतंत्र काव्यों के रूप में उपलब्ध कुशलव कथा, कुशलवल तोट्टे, कुशलवुल युद्धमु रचनाओं को श्रीकृष्णश्री जी ने 'स्त्रील रामायणपु पाटलु' नामक ग्रंथ में संगृहीत किया है। अन्य रचनाओं को अलग-अलग संग्रहकर्ताओं ने एकत्र किया है।

राम के राज्याभिषेक के बाद एक धोबी के वचनों को सुनकर राम के द्वारा सीता का परित्याग, गर्भवती सीता वनवास, कुशलव का जन्म, वाल्मीकि के पास उनकी शिक्षा-दीक्षा, राम के द्वारा अश्वमेध यज्ञ का आयोजन, लवकुशों का युद्ध, सीता का भू प्रवेश आदि मुख्य प्रसंगों से भरी उत्तर रामायण की कथा का मूल आधार वाल्मीकि रामायण है। लेकिन लोक रामायणों की तरह उत्तर रामायण की कथा में भी लोक कवि गायकों ने अपने स्वभाव व संस्कारों के अनुरूप अनेक अवाल्मीकीय अंशों को जोड़कर उसे एक नया रूप व रमणीय काव्य बनाने का भरसक प्रयास किया है। अब तक प्राप्त उत्तर रामायण संबंधी कुछ मुख्य स्वतंत्र कृतियों का संक्षिप्त परिचय निम्नांकित है।

'कुशलव कुच्चला कथा' रचना का आरंभ राम के जन्म के साथ ही होता है। इसमें राम का बचपन, शिक्षा-दीक्षा, सीता के साथ विवाह, वनवास, रावण का संहार, राज्याभिषेक आदि मुख्य प्रसंग बहुत संक्षेप में चित्रित हुए हैं। राज्याभिषेक के बाद की कहानी विस्तार के साथ वर्णित हुई है। वाल्मीकि रामायण में धोबी की बातों को सुनकर सीता का परित्याग राम करता है। किंतु इसमें शूर्पणखा की वजह से गर्भवती सीता को वनवास करना पड़ता है। 'लोक रामायणों में अवाल्मीकीय अंश' शीर्षक के अंतर्गत विस्तार के साथ इस प्रसंग की चर्चा की गयी है। दयाशून्य राम गर्भवती सीता का जंगल में वध करने की आज्ञा देता है। लक्ष्मण के द्वारा जंगल में सीता पर बार-बार तलवार चलाने पर भी कभी वह फूल बन जाती है तो कभी हार। आखिर लक्ष्मण उसे वाल्मीकि आश्रम में छोड़ देता है। सीता के साथ अन्य बहू भी गर्भवती बनती हैं। अयोध्या में वाल्मीकि आश्रम से आगत स्त्रियों के द्वारा लक्ष्मण को इसका पता चलता है कि सीता ने बच्चों को जन्म दिया है। लक्ष्मण उनकी बड़ी मर्यादा करता है। अन्य बहुओं की तरह एक शुभ दिन सीता भी आश्रम में इस रूप में बच्चों को जन्म देती है। प्रथम सीता लव को जन्म देती है। वाल्मीकि आश्रम की स्त्रियाँ अत्यंत वैभव के साथ सीता की प्रसूति करती हैं। लवणासुर के संहार हेतु निकला भरत उस समय वाल्मीकि आश्रम के दर्शन करता है। यह जानकर अति प्रसन्न होता है कि सीता जीवित है और एक बेटे की माँ बनी है। वह आश्रमवासियों को पुरस्कार देता है। निम्न पंक्तियों में इसी प्रसंग का अति सुंदर ढंग से चित्रण किया गया है—

लवणासुरुनि चंप बोवुचु
चनुर्देचेनु भारतुडु आ रात्रि
गुस गुस पोयेटि कांतल नेळ्ला
जाल कररांता वेंटना जूचे
निर्गान्तपडि इट्लनि पलिके
एंत वाडुगा तम्मुडुनेडु
येमन वच्चुनु तम्मुन्नइना
चंपा लेदुगा श्री लक्ष्मणुडु
दाचि वच्चेनु श्री लक्ष्ममणुडु
मर्ममु चेप्पेनु माकंदरिकि
चेतुलोनुन्ना चेरिरुमालु
सूर कत्ति चंदमु पोगुलनु
जाल कट्टलावेंट वेसि
पोलुपुग दर्भलु बोड्डु पइनुचिरि
पूबोणुलु बोड्डु वोपुगा कोसिरि
मदिपुडितिमि मीत्कूप्पडु
बंगारपु चेटलु जेइन्वे
अनुंचु पुणुकुलु चेट्लोबोसि
पट्टु चीरलु पक्ककु परिचि
पवलिंच बेट्टिरि बालुन्नि

इस गीत के द्वारा यह स्पष्ट होता है कि सीता के जीवित रहने की सूचना भरत यहाँ पर पहली बार प्राप्त कर रहा है। वह अति प्रसन्न होकर आश्रम की स्त्रियों को पुरस्कृत करके अयोध्या लौटता है। अयोध्या में राम को छोड़कर अन्य सभी को यह शुभ समाचार देता है। इसमें सीता अकेले लवराज को ही जन्म देती है। जिससे यह प्रश्न उठता है कि कुशराज कहाँ से आया। अन्य लोक कवियों के द्वारा लिखित उत्तर रामायणों में जनक महाराज अथवा वाल्मीकि के द्वारा लवराज की सृष्टि होती है। जबकि इसमें आश्रमवासियों के द्वारा लवराज का जन्म होता है।

अंतलोनु ऋषि पल्ले लोपल
जानकि सुतुडु पेरुगुतु वंडे
पुत्रुनि तोट्टेनु पुव्वल बंतुलु
तेच्चि गट्टेदननि जानकि तालेचे
कनकपु तोट्टिलो पुत्रुन्नि चूचि
कनिपेट्टुंडि वनमुलार
जानकि कदिलेनु चेलिकत्तेलतो
पाल्लुचरिंचेनु जानकि कपुडु

अच्चटि पुत्रुडु आकलि गोनेनु
इच्चटि कि तार्नेदुकु वच्चितिनो
अन्दंद नडवग नन्देलु वेलयग
सुंदरि जानकि पुत्रुनि कडकु
सुदति तन पुत्रुष्नि चंकनु बेट्टुकोनि
जानकि कदलेनु चेलिकत्तेलतो
अच्चट मुनुलु जपमुलु चालिंचुक
जानकि पुत्रुडु तोट्टेनुलेडु
भयमुतोचेनु मुनुलंदरिकि
कुश दर्भकु जीवमुलु पोसिरि
कुशडनि बालुनि साममु नुंचिरि
पवलिंप बेट्टिरि बालुनि यपुडु
पारिजातपु बंतुलु बट्टुक
जानकि वच्चेनु चेलिकत्तेलतो
तोडनु पुत्रुडु तोट्टिन पुत्रुडु
ह्रदियेमनने जानकि देवि
वेलदि इद्दरु पुत्रुले नीकु
येलग राज्यमु लेले रम्मा
नीकु मुंदु की अधरवे तल्लि
अयोध्य पट्टमुनेलेदरु
आ पलुकुलु विनि जानकप्पुडु
आनंद मायेनु जानकि मनुसु
चाल वेडुक पोन्दुतुनुंडे

अर्थात् लव के जन्म के बाद सीता एक दिन उरो झूले को फूलों से सजाने के उद्देश्य से उसे साथ लेकर फूल चुनने जंगल में गयी। तप से निवृत्त आश्रमवासी-मुनिगण ने झूले को खाली पाकर सीता के कटु वचनों से बचने के लिए घास के तिनके में प्राण डालकर एक बच्चे की सृष्टि की। घास के तिनके से उत्पन्न होने के कारण उसका नाम कुशराज रखा गया। फूल चुन कर लौटी सीता ने झूले में दूसरे बच्चे को देखकर आश्चर्य प्रकट किया। आश्रमवासियों ने अपनी गलती को पहचान कर दोनों बच्चों को वरदान दिये कि वे भविष्य में अयोध्या के सम्राट बनेंगे। जिससे सीता प्रसन्न हो गयी।

इस प्रकार कुशराज के जन्म के बाद दोनों बच्चे वाल्मीकि आश्रम में पलते रहे। आश्रम के नियमों के अनुसार भिक्षाटन करनेवाले पुत्रों को देखकर सीता दुखी होती है। दुखी सीता को देखकर लवकुश दोनों युद्ध करने तलवार उठाते हैं। इस कोलाहल को देखकर लवकुश दोनों से आश्रमवासी सीता की पूर्व कहानी सुनाने की इच्छा प्रकट करते हैं। सीता अपने जीवन की संपूर्ण कथा उन्हें सुनाती है। जनक, दशरथ इत्यादि को आश्रमवासी दोष देने लगते हैं। सीता की बातों को सुनकर लवकुश उसे

राम से पुनः मिलाने की शपथ लेकर चले जाते हैं। बाद के कुशलव युद्ध का प्रसंग इस लोक रामायण में नहीं है।

'कुशलव तोट्टे' अड़तीस पंक्तियों का लघु गीत है। इसमें सीता अपने दोनों बच्चों को झूलें में (तोट्टि) में डालकर उन्हें शांत करने के लिए लोरी गाती है। उस लोरी में उन्हें दादा, पिता, चाचा आदि खिलौने लाने का बहाना बनाती है।

'कुशलवुल युद्धमु' एक लंबा कथा गीत है। किसी अज्ञात लोक-कवि-गायक से लिखा गया है। इस में अनेक अवाल्मीकीय अंश अत्यंत विलक्षण ढंग से चित्रित दिखाई देते हैं। राम के स्वप्न प्रसंग से इस कथा गीत का आरंभ होता है। श्रीराम स्वप्न में सीता लवकुश को देखता है। स्वप्न में कुशलव अकारण ही सीता का परित्याग करनेवाले राम से प्रश्न करते हैं—

रत्न माणिक्यमुल मेड लोपलनु
इंद्र नीलम्मुलु इंपुतो मेरया
इंद्र नीला वज्र माणिक्यमुलु
पच्चलु केम्पुलु गोमेधिकमुलु
चिलुकलु हंसलु पावरम्मुलु
पुष्य रागमुलु पानुपुपैना
चंद्र कांतपु शय्यनंदुन
पग़डपु कोल्ल मन्चमु मीदा
पट्टु परुपुला परिमणम्मुलु
बोलोसुलु तल्गडलनु नुंचिरि
हेम विंजामर्लु नेर्पुतो विसरा
भक्तितो लक्ष्मण्णा पादमुलोत्ता
पव्वलिंचिरि श्री राघवुलु
अतडेननि दिंपुतू बुंडे
सती तनयलु मुग्गरु वेल्लि
वेल्ली कन्नलमुंदर निलिपि
लक्ष्मणुडु वीणुलमूसे
यौदुरु राम मूर्तिकि पुत्रुलु
आ सत्यवति तनयुलु मीरू
अवुदुरौदुरनि शरणंटु उंचि
दीविंचि वारिकि शरमुलु इच्चे
अयोध्य राज्यमु मीरेलुदुरु
— — — — — — — — — — —
अल्लंतट हरि सेनलु चूचि
अदुरुतु बेदुरुतु इट्लनि बलिके

श्रीरामुलु सेनलु बच्चारु
हरितो संदेहमुलु पच्चुदुरु
अन्नतो नेरम्मुलु चेप्पुदुरु
अवतलि केगंडनि   ता पलिके
तोड पै वुन्ना बाललनु दीविंचि
चक्कनि चेकिल्ल मुद्दुलु बेट्टि
परगुन बालल आवलिकंपि
सेनल केदुरुग वच्चेनु तानु

(प्रारंभिक पंक्तियों में लवकुश राम समेत लक्ष्मण, भरत, शत्रुघ्न और उनकी सेना को पहचानते हैं। लक्ष्मण की वंदना करते हैं। लक्ष्मण उनको आशीष के साथ-साथ अनेक दिव्यास्त्र देता है। फिर वहाँ से लौटकर राम के साथ मिल जाता है।)

इसके बाद लवकुश लक्ष्मण को बेहोश करके हनुमान को बाँधकर अपनी माँ को भेंट के रूप में देते हैं। फिर राम अंगद, विभीषण आदि वीरों को लवकुश के यहाँ दूत के रूप में भेजता है। अपनी सहायता के लिए वैकुंठ से गरुड़ को भी बुला लेता है। लेकिन कुशलव के भय से गरुड़ राम का वाहन बनना नहीं चाहता है। राम हाथी सवार होकर कुशलव से युद्ध करता है। इस युद्ध में त्रिमूर्तियों की पत्नियों का भी प्रसंग है। आखिर पराजित होकर राम लवकुश के सामने अपनी गलती को स्वीकार करता है। युद्ध समाप्त हो जाता है। इसके अतिरिक्त इस कथा गीत में विष्णु के अवतार और श्री महाविष्णु के जागृति गीत आदि गीत भी हैं।

'कुशलव कुच्चल चरित्रमु' कृति 'कुशलव कुच्चल कथा' और 'कुशलव युद्धमु' के सम्मिश्रण से बनी रचना लगती है। इन दोनों में चित्रित अवाल्मीकीय अंशों के साथ-साथ इसमें कुछ और विचित्र वर्णन देखने को मिलते हैं। सीता परित्याग के समय उर्मिला आदि अनुज-वधू राम को रोकने की कोशिश करती हैं। दयाहीन राम की भर्त्सना भी करती हैं। इसके अतिरिक्त दशरथ और कैकेई से संबद्ध एक विचित्र कहानी इसमें है। बचपन में कुशलव अपनी माँ के मुँह से रामकथा सुनते हैं। दशरथ की कैकेई के वश में आने की कहानी चींटी के संवादों के बहाने अत्यंत सुंदर ढंग से सीता उन्हें सुनाती है।

आचार्य बिरुदुराजु राम राजु के अनुसार 'वेपूरि ब्रतुकम्मा कुशलवपाट' हनुमानदास की रचना है। इस कथा गीत को मुख्य रूप से तेलंगाना (वेपूरी प्रांत) क्षेत्र में दशहरा (दशहरे के समय स्त्रियाँ रंग-बिरंगे फूलों से ब्रतुकम्मा नाम की देवता को सजाकर उसे जलार्पण करते समय सामूहिक रूप से नृत्य करते गीत गाती हैं।) के समय स्त्रियाँ हाथों से तालियाँ पीटते या कोलाट खेलते गाने की परंपरा है। इसमें 'कुशलव कुच्चल कथा' की तरह कामरूपी शूर्पणखा के द्वारा छोड़े गये चित्र के कारण राम सीता का परित्याग करता है। वाल्मीकि आश्रम में सीता केवल कुश को ही जन्म देती है। सीता की अनुपस्थिति में झूले को खाली देखकर वाल्मीकि मंत्रों की सहायता से लव की सृष्टि करते हैं। बाद की कथा वाल्मीकि रामायण से मिलती-जुलती है।

डॉ. सी. कृष्णा रेड्डी जी के द्वारा संगृहीत आंध्र के अनंतपुर जिले में गाये जानेवाला कथा गीत 'दंडमो सीताराम दंडमो जयराम दंडमनि दंड मन्नोंरिकि गंडालु गाया वय्या रामा' भाव से, राम की

प्रार्थना से प्रारंभ होता है। इसमें सीता परित्याग के कारण का उल्लेख नहीं मिलता है। सीधा सीता परित्याग के प्रसंग का वर्णन मिलता है।

एमि एरुगनि सीतनु एल्लनंपितेनु
लोकुलु एमन्नारु रामा
ना माटकु नीवु बदुलित्तिवि
एट्लुंटिवि लच्चुण्णा रामा
आमाट वन्टुने गड गड वनकिनाड्डु
किंदटे भोनगाड्डु रामा
मूसिना कन्नुलु मूसिनट्लुंडगा
सीता गगनमु केल्लानु
यन्नड्डु रानोड्डु मरदि वस्ताडनि
किल किल नव्वुतादि रामा
यति सेप्प नोत्ताडो कत सेप्प नोत्ताडो
किल किल नव्वुताड्डु रामा
कत सेप्प रालेदु यति सेप्परालेदु दंडमम्मा
वदिनगारु मायन्न सेलवाये नीपंतनीकादि
बावुलु अंटे माकु साल सम्मरमु

(लक्ष्मण राम को समझाता है कि अकारण सीता को घर से निकालना ठीक नहीं है। लेकिन राम के निर्णय में कोई परिवर्तन नहीं है। इसलिए लक्ष्मण इसकी सूचना सीता को देने चला जाता है। समाचार सुनकर पहले सीता प्रसन्न ही होती है।)

इसमें सीता अपने गर्भ के बारे में किसी को नहीं बताती है। वनवास के लिए प्रस्थान करते समय अपनी तीनों सासों से आशीर्वाद लेने जाती है। आशीर्वाद प्राप्त करके लक्ष्मण के साथ जंगल चली जाती है। इसमें सीता और लक्ष्मण पैदल ही चलकर अयोध्या नगर को पार करके जंगल पहुँचते हैं। पैदल चलते-चलते सीता थककर घायल होती है। घायल शरीर की पीड़ा से बचने के लिए यथाशीघ्र अपना संहार करने की लक्ष्मण से विनती करती है। लक्ष्मण के सभी बाण बेकार जाते हैं।

मूल गोंदिकाड मुग्गुरत्तगारु
ओमाट तेल्पुतानु रामा
यन्नड्डु रानि कोल्लि वस्तुंदनि
किल किल नव्वतारु रामा
यति सेप्प नोत्तुंदो कत सेप्पनोत्तुंदो
किल किल नव्वुतारु रामा
कत सेप्परालेदु यति सेप्परालेदु
दंडमम्मा अत्तगारु
नी कोडुकु सेलवाये नपंत माराड्डु

अडवुलकु पयनमत्तगारु

नीदु कोडुकु बलबद्रा

बलबद्रा शेकरुनि आरुनेल्लु जरिपिन

इप्पडाडिन माट एन्नोंड्लु कैननु एन्नि दिनमुल कैननु

ई माटा मनसुन ग्रिंगि रामा

कैकरो चिन्नत्त कैकम्म

सुमित्र नडिपेत्त, कौसल्य पेद्धत्त

मुग्गुरत्तगारिकि दंडमम्मा

मुंदर लच्चनुडु यनक सीतम्म

अडवुलकु पयन मइरि

इसके बाद अयोध्या नगर को पैदल ही पार करते समय नगर के बाद विविध प्रदेशों का उल्लेख किया गया है।

की कोकुनेटि वनमुलु दाटिरि

निम्मवनमुलु दाटिरि पीड वनमुलु दाटिरि

चीमल दूरनि चिट्टडवुलु दाटिरि

काकुलु अम्सलिंक काकुलु

दूरनि कारडवुलु दाटिरि

एनो कूयकु ओर नारामा

नडिसि नडिसि काल्ल बोब्बले पाइ

नडुवलेनु लच्चुमन्ना

वूपिन सेत्तुलु वत्पुलोक्किनवि

वूपलेनु लच्चुमुना

एंत दूरमैन एंत साम्राज्यमु

समसूदिमयन लच्चुना

अग्गंटि लच्चुनि कि कोपमु वच्चि

सूर्य बाणमु तोडिगिनाडु

सूर्य बानमु तोडिगि

सिरुसु धरिनचिते किरिटमै निलिचेनु

ई बानमु वक्कटि दारि दप्पिनानि

इप्पडी लच्चुनुडु

चंद्र बानमु तोडिगेनु

चंद्र बानमु तोडिगि चेतुलु

गन्निंचिते कडियलके निंचे रामा

ई बानमु वक्कटि दारि तप्पिनादि

इप्पुडु लक्ष्मुनुडु नागु बानमु
तोडिगेना रामा नागुबानमु
तोडिगि नडुमु गभिंचिते
नडुमु डावै निल्चिना रामा
बकटि चूस्ते नम्मा रेंडु चूस्ते नम्म
मूडु चूस्ते नम्मा मूपलेकम्मा नीकु
नम्मु चंपक नीवयोध्य वेलिते
नीवेंटने नोच्चिते मीरम्मलकु
जोट्टिंतु विरामसु राकु

(इस गीत के प्रारंभ में जंगल के विविध पेड़-पौधों का वर्णन है। पैदल चलते-चलते सीता पूर्णतया थक जाती है। पेड़-पौधों के लगने के कारण उसका शरीर भी घायल हो जाता है। घावों की पीड़ा से कराहती हुई सीता लक्ष्मण से अपने को मारने की प्रार्थना करती है। लक्ष्मण गुस्सा करते हुए सीता पर बाण चलाता है। लेकिन सीता को मारने में वह असमर्थ होता है। उसके सभी बाण बेकार जाते हैं। सीता धमकी भी देती है कि अगर उसे संहार किए बिना लक्ष्मण अयोध्या लौटेगा तो वह भी अयोध्या लौटेगी। वहाँ पहुँचकर भाइयों के बीच झगड़ा खड़ा करेगी।)

सीता को मारने में असमर्थ लक्ष्मण एक कस्तूरी मृग को मारकर उसकी आँखों को साक्ष्य प्रमाण के रूप में राम के पास ले जाता है। इन नकली आँखों पर विश्वास करके राम लक्ष्मण की ही निंदा करता है कि सीता संहार की आज्ञा देने पर भी उस गर्भवती सीता को उसे नहीं मारना चाहिए था।

कांचिनि भूमिलो कस्तूरि नेदुम्नि
कन्नु गुड्ल रक्तालु
दावुलकु निंचु कोनि वानगोट्टिम्नि
वेल्सु मूल गोइलन्नि विनि
अन्न मूकिगो वच्चेनो रामा
नीकु चूचि रम्मंटे चलकेमि वस्तिवि रामा
दुलमुबोमु तेरिना लक्ष्मुना रामा।[15]

एक लंबा कथागीत मात्र होने के नाते इसमें संपूर्ण उत्तर रामायण रचना की तरह कुशलव का जन्म, अश्वमेध यज्ञ, कुशलव युद्ध आदि प्रसंग नहीं हैं।

उत्तर रामायण पर आधारित इस प्रकार की स्वतंत्र रचनाओं के साथ-साथ तेलुगु में इस कथांश के आधार पर बने अनेक लोक गीत मिल जाते हैं। ये गीत कथा गीत नहीं है। फुटकर गीतों के रूप में ये विविध संदर्भों में लोक-कवि-गायकों के द्वारा गाये जाते हैं। उनमें बहुत प्रचलित कुछ गीत नीचे उदाहरण के रूप में दिए जा रहे हैं।

रायलसीमा प्रांत में धान के खेतों में काम करती हुई स्त्रियाँ कोरस में गानेवाले सोहनी के गीतों में उत्तर रामायण से संबंधित अनेक विचित्र वर्णन दिखाई पड़ते हैं। खेत में काम करनेवाली स्त्रियाँ प्रत्येक चरण के अंत में लवकुमार सुनो कुशकुमार सुनो का संबोधन करके तल्लीन होकर अपने श्रम

को भूल जाती हैं। कोरस में गानेवाले ये गीत अत्यंत सुंदर और सुनने के लिए श्रुतिमाधुर्य बन पड़े हैं। आचार्य तूमाटि दोणप्पा जी ने 'जानपद कला संपदा' शीर्षक ग्रंथ में इस प्रकार के एक गीत का संग्रह किया है।

अइवेद्दि पट्नान अदवरि सावडी
लवकुमारा विनुमन्ना कुशल कुमारा
साविडि वेनकाले साकलोरिंड्लम्मा
- - - - - - - - - - - - - - - - -
पगवानि पंचना पडिवुन्न आलिनि
`येग्रि रामुलु गाद येलुतुन्डाडु
नाबोटि गाडैते नरिकि तुन्ड्ले चेतु
पुट्टेडु बुव्वोंडि पट्टेडु सद्दि
आ सद्दि लेकिंग येमेमि कूरलु
अटिकलतो मागिनवि अलरेणि पंड्लु
दुत्तलतो मागिनवि दूदिनिम्मल्लु
मुंतलतो मागिनवि मुंतमामिल्लु
कोंड मुक्किड़ि काय गोडिसिंत काय
सद्दैन कट्टेने सकिय सीतम्मा
आरेंडि अडवुलकु आतल्लि बोतादे

(अर्थात् अयोध्या नगर में एक धोबी की बातें सुनकर राम सीता का परित्याग करता है। अनेक फल, जलखावें व खाद्य सामग्री और लक्ष्मण के साथ सीता जंगल चली जाती है।)

वन के लिए प्रस्थान करने के पहले वह अपनी तीनों सासु माँओं से आशीर्वाद लेती है। यहाँ सीता के गर्भ का उल्लेख मिलता है। तीनों सासु माँ राम की ही निंदा करने लगती हैं कि करुणाहीन, कठिन राम गर्भवती सीता को अकारण ही जंगल में भेज रहा है।

अट्नुंचि आ तल्लि अत्त नगरोन्न
अरोंडि अडविकी पयनालु अत्त
येप्पडु तिप्पलु तप्प लेदम्मा
पापिष्ट्टि रामुलकु पदिनेल्ल गर्भिणी
वेर्रि रामुलकु वेरुतुमु चेप्प
सेमान बोवम्मा लाभान रावम्म
यम्म सीतम्म इठ्ल वस्तीवी
वोंटिगा वन्निन वोडुरामेमि
कलिनडकोच्चिन कारणमेमि
वाणिंटि गुर्रालु कूलिपोइन्न
वाणिंटि येनुगुलु येनि पेइन्न

वाणिंटि वोन्टेल्लु वेट्टि बोइन्न
वाणिंटि पालकिलु पाडु बोइन्न
वाणिंटि दासीलु दाडि बोइन्न
रास वंशामनि मोस पोतिवि तल्लि
कासी गोत्रंबनि मोस पोतिवि तल्ली।[16]

(सीता अपने महल से सीधा आशीर्वाद लेने अपनी तीनों सासु माँओं के पास जाती है। पैदल ही आनेवाली सीता को देखकर वे राम की निंदा करती हैं कि उसके घोड़े, रथ, हाथी, ऊँट, पालकी आदि क्या नहीं रहे हैं। यह जानकर कि सीता गर्भवती है आशीर्वाद देकर भेजती हैं। साथ ही यह भी कहती हैं कि राम के साथ विवाह करके सीता धोखा खा गयी है।)

सीता जंगल में तप करने आये जनक के आश्रम में बच्चे को जन्म देती है। इसके बाद श्रीराम के द्वारा अश्वमेध यज्ञ का आयोजन, कुशलव के युद्ध के साथ पत्नी समेत पुत्रों को अयोध्या ले जानेवाले प्रसंग से कथा सुखांत होती है।

स्पष्ट है कि लोक कवि गायकों के द्वारा कल्पित उत्तर रामायण की कथा विविधता को ली हुई है। सीता के दुखों के वर्णन से तादात्म्य होने की उनकी सरल सुलभ प्रकृति इन सभी लोक रामायणों में दिखाई पड़ती है। इन लोक रामायणों में कथा का केंद्र सीता ही है। सीता के साथ ही कथानक का विकास होता है। लोक कवि गायकों ने अपनी मनोवृत्ति के अनुकूल ही अनेक अवाल्मीकीय अंशों के साथ इन लोक रामायणों को अतिउत्तेजक व मर्मस्पर्शी बना दिया है। रामकथा में यह उत्तर राम कथा प्रसंग ही जानपदों को तथा लोक-कवि-गायकों को अत्यधिक प्रिय बन गया है।

परिशिष्ट में संगृहीत लोक उत्तररामायण का कथा-वैभव

परिशिष्ट में संगृहीत लोक उत्तर रामायण कर्नूल जिला, नंद्याल प्रांत में गाये जानेवाला एक लंबा कथा गीत है। इस अति लंबे कथा गीत को मेरी माताजी ने गाया है। मैंने उसमें आवश्यक संशोधन करके लिपिबद्ध किया है। बहुत बचपन से ही मैं इस कथा गीत को सुनता आ रहा हूँ। इसे मेरी माताजी ने अपने बचपन में अपने जन्म स्थल (चिन्न कोट्टाला, नंद्याल परिसर) में खेतों में काम करते हुए सीखा था। इसके कुछ गीतों को फुटकर रूप में विविध संदर्भों में खेती करते गाने पर भी कथा क्रम में फुरसत के समय आराम करते गाते हैं। खासकर वैकुंठ एकादशी, शिवरात्रि आदि पर्व दिनों में स्त्रियों को रात-जागरण करती हुई इस कथा गीत को गाती तन्मय व तादात्म्य होती मैंने कई बार देखा है।

इस कथा गीत का आरंभ शरणागत वत्सल, कलियुग में जनता के दुखों को दूर करने अवतरित हुए श्रीरामचंद्रजी की वंदना से होता है। राम के राज्याभिषेक के बाद पहले सीता परित्याग के कारण का उल्लेख मिलता है। यह 'कुश लव कुच्चल कथा' रचना के प्रसंग का स्मरण दिलाता है। इसमें भी अपनी प्रतिशोध की ज्वाला की पूर्ति के लिए रावण आदि राक्षसों के संहार के बाद शूर्पणखा यति वेश धारण करके अयोध्या पहुँचती है। डॉ. रावि प्रेमलता के द्वारा संगृहीत मेदक जिले में गाये जानेवाले कथागीत में शूर्पणखा यति वेश में नहीं अति सुंदर युवती के वेश में राम के पास नौकरी ढूँढ़ती आती है। राम उसे सीता की नौकरानी बना देता है। प्रस्तुत कथागीत में स्पष्ट वर्णन नहीं मिलता है कि शूर्पणखा यति वेश में या सुंदर युवती के वेश में आती है। बाद में उसके द्वारा मायाचित्र का निर्माण, उस चित्र को सीता के शयनकक्ष में उसकी चटाई के नीचे गुप्त रूप से रखने का प्रसंग है। (देखिए लोक रामायणों में अवाल्मीकीय अंश वाला अध्याय) उस चित्र को पहले सीता देखकर डर जाती है। क्योंकि वह उसमें रावण के रूप को पाती है। उसे राम की आँखों से दूर रखने के लिए गुसलखाने में उसे पत्थर के नीचे छिपाती है। राम दरबार में राज-काज से निपट कर सीता के पास लौटता है। राम के आगमन को देखकर सीता स्वयं स्नान के लिए उसे गुसलखाने में गरम पानी रखती है। राम के चरण स्पर्श से गुसलखाने के पत्थर के नीचे मौजूद रावण का चित्र जीवित होता है। क्रमशः उस का आकार पूरे घर में फैल जाता है। वह राम को युद्ध के लिए ललकारता है। इस दृश्य को देखकर सीता चकित रह जाती है। सीता के मन में रावण के प्रति प्रेम है समझकर राम उसके चरित्र पर ही शंका प्रकट करते हुए गुस्से में महल से चला जाता है। इससे इस कथागीत में रावण के चित्र की और शूर्पणखा से संबद्ध कथांश की समाप्ति हो जाती है।

'कुशलव कुच्चल कथा' और डॉ. रावि प्रेमलता के कथा गीत की तुलना में प्रस्तुत कथा गीत का

यह प्रसंग कुछ अधूरा जान पड़ता है। क्योंकि उनमें इस प्रसंग के बाद सीता के चरित्र के प्रति शंकालु राम उसे जंगल में संहार करने की आज्ञा देता है। माया वेशधारी शूर्पणखा और माया चित्र के बारे में कुछ और समाधान व विवरण प्राप्त नहीं हो पाया है। ऐसा लगता है कि शायद काल प्रवाह में समय के साथ इस कथागीत का वह अंश छूट गया हो। इन तीनों कृतियों में उपलब्ध होनेवाला यह प्रसंग बड़ा ही मार्मिक अवाल्मीकीय अंश है।

बाद में फिर अत्यंत विलक्षण ढंग से शिष्ट रामायणों की तरह धोबी के प्रसंग का वर्णन किया गया है। मरियाली सेट्टि नामक धोबी कपड़ों को ठीक से और सही समय पर साफ नहीं करनेवाली अपनी पत्नी को मारपीट करके घर से निकाल देता है। वह पति को छोड़कर मायके चली जाती है। ससुर पुनः उसे ससुराल ले आता है। उस समय मरियालि सेट्टि अपने ससुर से राम की मूर्खता का परिहास करता है। जिसने पराये घर कई दिन कैद हुई पत्नी को अपना लिया है। गुप्त वेश में वहाँ गये राम इन बातों को सुनकर बहुत दुखी होता है। लक्ष्मण को बुलाकर सीता को वध करने अयोध्या की पूरब दिशा के जंगल में ले जाने की आज्ञा देता है। लक्ष्मण विरोध करता है कि अकारण सीता को इस रूप में जंगल भेजना उचित नहीं है। जिससे कुपित होकर राम बाणों से अपने को मार कर सीता समेत अयोध्या राज्य ग्रहण करने को लक्ष्मण से कहता है। राम की ये बातें अवाल्मीकीय हैं। लोक-कवि-गायक राम को एक अवतार पुरुष की अपेक्षा एक साधारण मानव के रूप में देखना पसंद करते हैं। इसलिए वे राम पर साधारण मानव के शंकालु स्वभाव का आरोप भी करते हैं। अब तक के कथागीत में राम का प्रसंग होने पर भी आगे राम से ज्यादा लक्ष्मण और सीता का ही वर्णन दिखाई पड़ता है।

रामाज्ञा के अनुसार लक्ष्मण पहले सीता को यह समाचार सुनाता है। सीता बहुत दुखी होती है। पति परायण सीता लक्ष्मण के साथ जंगल जाने को तैयार होती है। रास्ते में अपनी तीनों सासु माँओं से आशीर्वाद लेने उनके पास चली जाती है। पहले कैकेई माँ के पास जाती है। कभी भी घर छोड़ कर नहीं आनेवाली सीता को आते देखकर कैकेई चटाई डालकर बिठाती है। कैकेई से राम के वनवास की कथा सुनाने के लिए सीता कहती है। सीता राम के वनवास की कथा की जगह सीता दूसरी बार भी वनवास जाने की अपनी निस्सहाय स्थिति के बारे में सूचना देती है। सीता साथ लक्ष्मण जंगल जा रहा है जानकर कैकेई सीता को धैर्य बँधाती है कि उसे प्राणों की चिंता करने की जरूरत नहीं है। यहाँ एक और रोचक प्रसंग का उल्लेख मिलता है। आंध्र की स्त्रियाँ मायके से ससुराल जाते समय हल्दी, कुंकुम, चावल, इत्यादि से गोद भर कर जाती हैं। जबकि यहाँ पर कैकेई सूर्य बाण, चंद्र बाण, नारायण बाण आदि को पीस कर उससे सीता की गोद भर कर भेजती है। इसके साथ-साथ सीता स्वयं अपने गर्भ के बारे में कैकेई को बताती है कि तीन महीनों के अंदर वह माँ बननेवाली है। यह भी प्रार्थना करती है कि इसकी सूचना वे अपने पुत्र को दे। सीता यहाँ पर कौसल्या से कहनेवाली सारी बातें कैकेई से कहती है।

आखिर वनवास के लिए प्रस्थान करने से पहले वह अंतिम बिदाई लेने राम के पास जाती है। सीता अपने दोनों हाथ जोड़कर निस्सहाय, नादान सी मुद्रा किए हुए राम के सामने खड़े होकर आशीर्वाद माँगती है। सीता की आँखों से आँख मिलाने में संकोच करके राम अपना मुख छिपाता

है। कितनी बार प्रार्थना करने पर भी वह अपने मुख की दिशा ही नहीं बदलता है और न ही कोई उचित उत्तर देता है। अत्यंत करुणा से भरा हुआ यह प्रसंग लोक-कवि-गायकों के मन में सीता के प्रति रहनेवाली आत्मीयता व प्रेम का द्योतन करता है। दूसरी ओर राम के प्रति उनका कटु व्यवहार किंवा असंतोष का पर्दाफाश हो जाता है। लक्ष्मण राम को आशीर्वाद देकर सीता जंगल भेजने की सलाह देता है। आशीर्वाद की जगह राम फिर अयोध्या के पूरब के जंगल में सीता वध करने की आज्ञा देता है। लक्ष्मण दूसरी बार भी राम को समझाने की कोशिश करता है कि इस प्रकार अकारण सीता को जंगल भेजना उचित नहीं है। इससे कुपित होकर राम लक्ष्मण की निंदा करता है कि वह उसे बाणों से मार कर सीता समेत अयोध्या का शासन करे। इन वचनों को सुनने के बाद भी लक्ष्मण में कोई परिवर्तन नहीं होता है। इससे राम आगबबूला होता है। लक्ष्मण को धमकाता है कि क्ल सुबह तक अगर सीता वध करके उसके साक्ष्य प्रमाण के रूप में उसकी आँखें निकालकर तुम नहीं लाओगे तो तुम्हें मेरे राम बाण का शिकार बनना पड़ेगा।

श्रीराम की बातें सुनकर विवशता में लक्ष्मण सीता के साथ वन प्रस्थान करता है। सीता और लक्ष्मण अयोध्या नगर के महल, भवन, वन-उपवन आदि पार करके पूरब में तीन करोड़ मुनिगण बसनेवाले घने जंगल में पहुँचते हैं।

कथागीत के इस अंश से संबंधित गीतों को स्त्रियाँ विविध संदर्भों में गाती हैं। इनको सुनने के बाद कठिन स्वभाववालों के हृदय भी करुणा से पिघलने लगते हैं। पैदल चलकर थकी सीता अपने घायल शरीर की पीड़ा को सहन नहीं कर सकती है। वह लक्ष्मण से विनती करती है कि वह तुरंत उसका संहार करे। उसकी निस्सहाय स्थिति देखकर लक्ष्मण और भी दुखी हो जाता है। उत्तर देता है कि उसका संहार करना उसके वश की बात नहीं है। घायल शरीर की असहनीय पीड़ा से बचने के लिए सीता बार-बार विनती करती है। तब भी लक्ष्मण में उसे मारने की हिम्मत नहीं होती है। आखिर सीता उसे धमकी देती है कि अगर वह उसे मारे बिना अयोध्या लौटेगा तो वह भी उसके साथ अयोध्या लौटेगी। तथा वहाँ भाइयों के बीच में झगड़े खड़ा करेगी। इससे लक्ष्मण को गुस्सा आता है। गुस्से में वह अनेक बाण सीता पर चलाता है। सभी बाण व्यर्थ जाते हैं। सूर्यबाण से सीता के चरणों को अलग करना चाहता है। तो वह उसका नूपुर बन जाता है। चंद्र बाण से उसका कमर तोड़ना चाहता है तो वह कमरबंद बन जाता है। ब्रह्मास्त्र से उसका गला काटना चाहता है तो वह उसके गले की हार बन जाती है। कथा गीत में यहाँ पर एक और अवाल्मीकीय अंश का वर्णन है। लक्ष्मण वनवास के दौरान पर्णकुटीर में रहते समय मृग शिकार संबंधी प्रसंग के बारे में विस्तार से जानना चाहता है कि राम की खोज करने उसके जाने के बाद सीता पर क्या बीता था। सीता यहाँ पर उस प्रसंग की पूरी जानकारी लक्ष्मण को देती है। वह कहती है कि रावण वेश बदल कर भीख माँगने आया था। लक्ष्मण के द्वारा खींची गयी रेखा पार करने के बाद वह बड़े शूल की सहायता से जमीन सहित उखाड़ कर उसे उठाकर रथ पर बिठा पर ले गया था। इस प्रकार सीता का स्पर्श किये बगैर पृथ्वी सहित उठाकर रथ में रखने की घटना भी अवाल्मीकीय है। वाल्मीकि रामायण में रावण अपने हाथों से सीता को उठाकर रथ में रखता है। यह जानपदों की शील-पातिव्रत्य के प्रति सूक्ष्म दृष्टि का परिचय देता है। बाद में जटायु के साथ संघर्ष आदि वाल्मीकि रामायण की ही तरह है।

कथागीत में लक्ष्मण के इस प्रकार विषयांतर करने का मूल उद्देश्य सीता का वध किये बिना उसे जंगल में सजीव छोड़ने का है। लेकिन उसे निराश ही होना पड़ता है। विषयांतर करने के बावजूद भी सीता पहले की तरह विनती करती है कि यथाशीघ्र उसका वध किया जाय। पुनः वह धमकी भी देती है कि अगर लक्ष्मण उसका वध किये बिना अयोध्या लौटेगा तो वह भी अयोध्या लौटेगी। अयोध्या में भाइयों के बीच में झगड़ा पैदा करेगी। लक्ष्मण कुपित होकर सीता पर राम बाण चलाता है, तो सीता के गर्भ में सूक्ष्माकारवाला कुशराज दिखाई पड़ता है। जिससे लक्ष्मण बाण चलाना रोकता है। सीता की जगह एक कस्तूरी मृग को मार कर उसकी आँखें राम को साक्ष्य प्रमाण के रूप में दिखाने अयोध्या ले चलता है। अकेली सीता जंगल में पेड़ के नीचे शरण लेती है।

रामाज्ञा के अनुसार अगले दिन सुबह सीता-संहार के साक्ष्य प्रमाण के रूप में मृग की आँखें लिए लक्ष्मण राम के पास पहुँचता है। उस प्रमाण पर विश्वास करके राम बिलख-बिलख कर रोता है। राम में दुख की तीव्रता यहाँ तक बढ़ती है कि वह लक्ष्मण को दोषी ठहराता है। वह कहने लगता है कि सीता-संहार की आज्ञा देते ही उसे इस रूप में नहीं करना चाहिए था। इस अपराध में इसलिए उस का ही पाप अधिक है। यह राम के मन में सीता के प्रति रहनेवाले अथाह प्रेम का द्योतक है। इस प्रकार लक्ष्मण की निंदा करने के बाद संयम बरतते हुए लक्ष्मण से ही पूछने लगता है कि उसने सीता का वध कैसे किया? लक्ष्मण उत्तर देता है कि सीता पर चलाये गये सूर्य बाण, चंद्र बाण, नारायण बाण आदि बेकार गये हैं। आखिर राम बाण से सीता का वध संभव हो सका है। इसके बाद राम यह जानने की जिज्ञासा प्रकट करता है कि मरते समय सीता ने क्या कहा था। लक्ष्मण इसका जवाब इस रूप में देता है कि सीता अनेक जन्मों तक राम की पत्नी ही बनी रहना चाहती है और लक्ष्मण की भाभी होकर ही अनेक जन्म लेना चाहती है। इन बातों को सुनकर राम के मन में सीता के प्रति बड़ी अनुकंपा जागती है कि वह सीता को पुनर्जीवित पाने की अनियंत्रित इच्छा प्रकट करता है। इसलिए लक्ष्मण से सीता के मरण स्थल व मृत शरीर को दिखाने के लिए कहता है। राम को बहकाने की कोशिश करनेवाला लक्ष्मण यह सुनकर भयभीत हो जाता है। वह एक और बहाना बनाता है कि घास-फूस लकड़ी आदि इकट्ठा करके वह सीता की चिता जला कर आया है। उसकी राख भी नहीं बची है।

यह सुनकर राम का दुख और अधिक हो जाता है। दुख में लक्ष्मण की बातों पर विश्वास न करके ज्योतिषियों की मदद से सीता को ढूँढ़ना चाहता है। ज्योतिष बतानेवाले पंडितों को बुलाने राम हनुमान को भेजता है। हनुमान से पहले ही लक्ष्मण उनके पास पहुँचकर धमकी देता है कि वे राम का काम न करे। इसलिए हनुमान को खाली हाथ लौटना पड़ता है। राम फिर पंडितों को लिवा लाने लक्ष्मण को ही भेजता है। लक्ष्मण पहले ही पंडितों से स्पष्ट करता है कि वे ज्योतिष बताने का नाटक मात्र करें और राम से इतना कह दें कि सीता पृथ्वी पर जीवित नहीं है। लक्ष्मण की धमकी से प्रभावित पंडित उसी प्रकार पंचांग देखकर राम से झूठ बोलते हैं । बाद में लक्ष्मण स्वयं ब्राह्मण वेश धारण करके राम को ज्योतिष बताने आता है। बड़ा नाटक करते हुए बताता है कि सीता पृथ्वी पर जीवित नहीं है। लेकिन विधुर का जीवन राम के भाग्य में लिखा हुआ नहीं है। इसलिए उसे सोने की सीता को बनवाकर उससे विवाह करना चाहिए। उसी प्रकार अपने विवाह के साथ लाख गरीब ब्राह्मणों के विवाह भी कराना चाहिए। उसके अतिरिक्त सीता और

सीता के शिशु को मारने के पाप से मुक्त होने के लिए सीता की सारी वस्तुएँ ब्राह्मणों को दान के रूप में देनी चाहिए। राम मायावेशधारी लक्ष्मण की इन बातों पर विश्वास करता है। उसकी बातों के अनुसार ही उससे बढ़कर और कोई दूसरा अच्छा ब्राह्मण नहीं मिलेगा समझकर सीता की सारी वस्तुएँ उसे दान के रूप में दे देता है। सीता की वस्तुएँ प्राप्त करके लक्ष्मण उन्हें सीता के महल में ही छिपा रखता है।

ब्राह्मण वेश छोड़ कर फिर लक्ष्मण बनकर वह सोने की सीता की तैयारी में जुट जाता है। कथागीत में यहाँ आलमूरू, कोडुमूरू जैसे गाँवों का उल्लेख मिलता है। वे सभी आंध्र के कर्नूल जिले में ही स्थित हैं। राम अनेक गाँवों से अनेक पदार्थ मँगाकर सीता की कनक मूर्ति तैयार करवाता है। उसके साथ विवाह भी कर लेता है। ब्राह्मणों के विवाहों का भी आयोजन करता है। इस प्रकार लक्ष्मण सीता के जीवित रहने का समाचार गुप्त रखते हुए, उसके जीवित रहते जिन सभी कार्यों के होने की संभावना रहती है उन सभी को बहुत संफल ढंग से करवाता है। यहाँ लोक-कवि-गायकों के सरल अमलिन व निष्कपट तटस्थ जीवन को प्रतिबिंबित करनेवाला एक और प्रसंग अत्यंत सुंदर ढंग से वर्णित है। सोने की सीता के साथ ही क्यों ने हो राम का विवाह राम का ही विवाह है। उसे वे अत्यंत मनोहर ढंग से करना व देखना चाहते हैं। इसलिए कथागीत में राम के विवाह का वर्णन अत्यंत सरस शैली में किया गया है। यहाँ गीतों की लयात्मकता, शब्द सृजन, अनुप्रयासयुक्त भाषा, लंबे समास पद आदि अत्यधिक हृदयस्पर्शी बन पड़े हैं।

इस प्रकार के अत्यंत वैभव व आनंदोत्सव के तुरंत बाद लोक-कवि-गायक एक करुणाजन्य और अति दुखदायक दृश्य का आयोजन करता है। जंगल में सीता अकेली है। प्रसूति की पीड़ा से कराह रही है। अपने एकाकीपन व अपने निस्सहाय जीवन को देखकर सीता रो रही है। इस दृश्य में अनायास ही श्रोताओं की आँखों से आँसू बहते हैं। यह सोचते हुए उसका दुख और तीव्र हो जाता है कि अगर वह अयोध्या में होती तो कौसल्या, कैकेई, सुमित्रा आदि सासु माँ उसकी कितनी सेवा करतीं। शादय दुख की घड़ी में आत्मीय जनों की याद सताती है। सीता लक्ष्मण का स्मरण करती है कि लक्ष्मण के कारण ही उसे यह सब कुछ झेलना पड़ रहा है। जंगल छोड़ आने का दायित्व लक्ष्मण का ही है। सीता की निस्सहाय व दयनीय स्थिति जानकर लक्ष्मण भूदेवी से प्रार्थना करके प्रसूतिका सीता को सहायता करने भेजता है। भूदेवी दाई बन कर सीता का उपचार करने जंगल पहुँचती है। सीता के प्रसव में वह सीता से माणिक की माँग करती है। माणिक लिये बगैर वह नाल काटने के लिए तैयार नहीं होती है। जनपद में दाइयों का अभाव और प्रसूति के समय दाई के द्वारा किए जानेवाले कटु व्यवहारों का बोध कथागीत का यह अंश प्रस्तुत करता है। आखिर सीता से माणिक प्राप्त करके फिर उसे लौटाती है कि बड़े लोगों की संपत्ति उनके पास नहीं टिकेगी? फिर मुफ्त में नाल काट कर अदृश्य हो जाती है।

बाद में अपने शिशु को लेकर सीता अकेली वाल्मीकि आश्रम में आती है। एक प्रकार से यह भी एक अवाल्मीकि अंश है। वाल्मीकि रामायण में सीता वाल्मीकि आश्रम में ही आश्रमवासियों की सहायता से बच्चों को जन्म देती है। कुछ अन्य लोक रामायणों में और भी अनेक चौंका देनेवाले प्रसंग गढ़े गये हैं। आचार्य तूमाटि दोणप्पा जी के द्वारा संगृहीत कथागीत में वाल्मीकि की जगह जनक

महाराज के आश्रम में सीता का प्रसव संपन्न होता है। उस समय जनक वानप्रस्थाश्रम स्वीकार करके जंगल में तप करने आये थे। डॉ. रावि प्रेमलता के द्वारा मेदक जिले से संगृहीत कथागीत में भी सीता जंगल में जनक महाराज के आश्रम में बच्चे को जन्म देती है। इसकी एक और विलक्षणता है कि इस में जनक महाराज का अंधे के रूप में चित्रण किया गया है।

राजमहल में सोने के झूले में सोने लायक शिशु को जंगल में घास-पत्तों के बीच में सुलाती हुई सीता उसके दुर्भाग्य पर विलाप करती है। सीता के कष्टों का मार्मिक गायन करनेवाले लोक-कवि-गायकों का यह प्रसंग दिखाई पड़ता है। यहाँ पर मेदक जिले में गाये जानेवाले कथागीत का उदाहरण दिया जा रहा है—

टेकुटाकुलु तेन्पेनम्मा
कोडुकुनु पंड बेट्टिंदि
निम्मलु कोट्टिंदि-नीडलु वेसिंदि
वट्टिमामिन्ड्लु कोट्टिंदि
वट्टिमामिन्ड्लु कोट्टिंदि
कोडुकुकु उय्याल कट्टिंदि
पलगुलु तोटि बोडु कोसिंदि
केवुमनि कोडुकु केकेलु पेट्टे
एत्तुकुनेंदुकु अय्यलु लेरू
एमि चेदुना कोडुका
अरन्डमुन नब्बिडिसि पेट्टि पोइरि
अनि एकमैन दुखमुतीय बट्टे।[17]

(सीता सागौन पेड़ के पत्तों को काटकर उन पर शिशु को सुलाती है। पेड़ की शाखाओं से छाया बनाकर लताओं को काटकर उनसे स्वयं झूला बनाती है। शिशु को झूले में डालकर सुलाने लगती है। सोचने लगती है कि रोने वाले बच्चे को उठाने को उसके सिवा और कोई नहीं है। अपनी इस निस्सैहायता पर वह बिलख-बिलख कर रोने लगती है।)

छोटे शिशु को वहीं घास-फूसों में लिटाकर प्रसूतिका सीता समुद्र स्नान को निकलती है। रास्ते में अपने बच्चों के साथ एक पेड़ से दूसरे पेड़ पर उछलकूद करनेवाले बंदरों को सावधान करती है कि इस प्रकार करने से बच्चे नीचे गिर जायेंगे। बदले में बंदरों से ही उसे शिक्षा लेनी पड़ती है कि सीता की तरह वे अपने बच्चों को जंगल में अकेले छोड़कर नहीं आये हैं। यह प्रसंग भी लगभग सभी प्रदेशों के लोक उत्तर रामायणों में दिखाई पड़ते हैं। यह लोक-कवि-गायकों की सूक्ष्म दृष्टि का परिचायक है। उदाहरण के लिए मेदक जिले के कथागीत का उल्लेख किया जा सकता है—

चंकल बाल धरणि पड्ते
कोडुकेड दोरुकुताडु
एर्रि पट्टिंदा कोतुल्लारा
एर्रि पट्टिंदा कोतुल्लारा

चंकल्ल पिल्लल धरणी मीद दिन्चंडि
चेट्टु मीद फलाल नारागिंचंडि...

(इस गीत में सीता बंदरों से कहती है कि इस प्रकार बच्चों सहित उछलकूद करने पर उनके प्राणों को हानि पहुँच सकती है। बच्चों को जमीन पर छोड़कर ही इस प्रकार करना चाहिए।)

उत्तर में एक प्रबुद्ध बंदर अपनी सलाह से सीता को ही प्रभावित करता है—

अरण्यमुलनु काडुकुने कंटिवा
आरंडविल पारेसि वस्तिवा...
मेमु चच्चिन तावुल बाललु चावालि
बाललु चच्चिन तावुल में मैंन चावालि
नीलेक्क मेमु पिल्लल निडिसि पेट्टमम्मा
बालुनि आरंडमुन इडिसि पेट्टोच्चिनावु
एड्डि सीतम्म एनुककु मर्लिंपो

(बंदर सीता से कहता है, तुम जंगल में बच्चे को जन्म देकर उसे जंगल में ही अकेला छोड़ आयी हो। हमारे बच्चों का जन्म-मरण हमारे साथ ही होगा तुम्हारी तरह हम बच्चों को छोड़कर नहीं जाते हैं। मूर्ख सीता वापस लौट जाओ और अपने बच्चों को हमेशा अपने साथ रखो।)

लोक-कवि-गायकों की कलमों से निकला यह मोड़ एक और अवाल्मीकीय अंश का आधार बनता है। बंदरों की बातों से प्रभावित होकर सीता स्नान करने जाते फिर आश्रम लौट आती है। अपने बच्चे को साथ ले जाती है। अपने बच्चे के साथ स्नान करके लौटकर वह देखती है कि झूले में एक और बच्चा है। चकित होकर वह वाल्मीकि से प्रश्न करने लगती है कि वह अपने बच्चे को अपने साथ ले गयी थी यह दूसरा बच्चा कहाँ से आया है। वाल्मीकि को अपनी गलती का बोध होता है। वे सीता से कहते हैं कि यह बच्चा त्रिमूर्तियों का प्रसाद है। तुम इसे पाल लो। इस प्रकार इस कथा गीत में लवराज का जन्म होता है। बात यह हुई थी कि बंदरों की बातों से प्रभावित होकर स्नान से लौट कर आयी सीता अपने बच्चे को साथ ले गयी थी। सीता के जाने के बाद खाली झूले को देखकर वाल्मीकि ऋषि सीता के कटुवचनों से बचने के लिए तीन मुट्ठी भर बालू से मंत्र के बल पर बच्चे की सृष्टि करते हैं। मंत्र से जन्म होने के कारण 'मंत्राल लवन्ना' का नामकरण किया जाता है। यह अवाल्मीकीय अंश अन्य लोक रामायणों से थोड़ा अंतर के साथ दिखाई पड़ता है। मेदल जिले के कथागीत में सीता स्नान करने जाने के बाद खाली झूले को देखकर अंधे जनक महराज अपनी छाती से मिट्टी निकालकर लवराज की सृष्टि करता है। आचार्य तूमाटी दोणप्पा जी के द्वारा संगृहीत गीत में भी इस प्रकार का प्रसंग है। लेकिन 'कुशलव कुच्चल कथा' में न तो वाल्मीकि के द्वारा न जनक के द्वारा लवराज की सृष्टि की जाती है। इसमें आश्रमवासियों के द्वारा दूसरे बच्चे की सृष्टि की जाती है। वह भी महाराज की जगह कुशराज की।

अच्चट मुनुलु जपमुलु चालिन्चुक
जानकि पुत्रुडु तोट्टेनु लेडु
जेरिजाणल शपिंचि पोननुचु

भयमु तोचेनु मुनुलंदरिकि
कुश दर्भकु जीवमुलु पोसिरि
कुशडनि बालुनि नाममुनुंचिरि
पवलिंच बेट्टिरि बालुनि यपुडु
पारिजातपु बंतुलु बट्टक

(मुनिगण अपना जप पूरा करके देखा कि झूला खाली है। बच्चा झूले में नहीं है। सीता के शाप से भयभीत होकर आश्रमवासी मुनिगण ने सीता के आने के पहले ही घास के तिनके में प्राण डालकर एक बच्चे की सृष्टि की। घास के तिनके से उत्पन्न होने के कारण उसका कुश राज नाम रखा गया।)

इस प्रकार आंध्र के सभी जनपदों में गाये जानेवाले कथागीतों में कथात्मक एकता दिखाई पड़ती है। सीता एक ही बच्चे को जन्म देती है। दूसरे बच्चे की सृष्टि कभी जनक के द्वारा, कभी वाल्मीकि के द्वारा या कभी आश्रमवासियों के द्वारा की जाती है।

दोनों बच्चों की शरारतें व शोरशराबे से बचने के लिए सीता झूले तैयार करवाती है। बच्चों को झूले में डालकर वह लोरी गाती है। लोक-कवि-गायकों के कंठ से निकला यह गीत आंध्र भर में अत्यंत लोकप्रिय हुआ है।

यह गीत कथा प्रसंग के अतिरिक्त आंध्र की स्त्रियाँ अपनी संतान को दुलार कर सुलाने के लिए भी गाती दिखाई पड़ती हैं। आंध्र के लगभग सभी लोक उत्तर रामायणों में इस कथा-प्रसंग के गीतों में भावात्मक एकता परिलक्षित होती है। तेलंगाना प्रांत में गाये जानेवाले गीत को नीचे उदाहरण के रूप में दिया जा रहा है–

नारचीरल तोडनु उय्याल वेसि
जानकि तनयुलकु जोलुलुपाडे
एडवकु कुशलवुड राम कुमार
उंगरामुलु कोनुचु उय्यालगोनुचु
ऊर्मिला पिनतल्लि वच्चेनेडवकु
पट्टुटंगीलु गोनुचु पुलिगोरु गोनुचु
भूदेवि अम्मम्म वच्चेनेडवकु

सभी आत्मीय जनों से दूर जंगल में मोटे कपड़े पहनते हुए कंदमूल खाते हुए जमीन पर ही सोनेवाली अपनी दुर्भाग्य संतान को देखकर सीता दुखी हो जाती है। बच्चों की रुलाई को बंद कराने के लिए राजमहल में सुख-भोगनेवाले सभी आत्मीय जनों को गीत के माध्यम से स्मरण करते हुए अपने मन को भी शांत करने के लिए सीता के असफल प्रयास को देखकर अनायास ही आँखों से आँसू टपक पड़ते हैं। इस गीत के गानें का ढंग, गाते हुए तन्मय होने की मुद्रा को देखकर ऐसा लगता है कि मानो लोक-कवि-गायकों का मन राम-रावण युद्ध दृश्यों की अपेक्षा कुशलव का जन्म और उसके बचपन के वर्णन में ज्यादा रमा है। इस प्रकार के मनोहर व अप्रतिम लोरी गीतों का सृजन करके लोक-कवि-गायकों ने आंध्र की जनता के हृदयों में एक अविस्मरणीय स्थान बना लिया है।

इस प्रकार सीता जंगल में अनेक कष्टों को झेलते हुए बच्चों को पाल-पोस कर बड़ा करती है।

जब बच्चे सात साल के हो जाते हैं तो उन्हें क्षात्र-धर्म परक शिक्षा दिलाने का स्मरण आता है। जन्मतः प्रबुद्ध लवकुश वाल्मीकि गुरु के पास क्षात्र-विद्याओं को सीख कर अत्यंत शक्ति संपन्न बनते हैं। सारी विद्याएँ सिखाने के बाद वाल्मीकि उन्हें नसीहत भी देते हैं कि पूरब, पश्चिम, दक्षिण दिशा में जाने में कोई खतरा नहीं है। परंतु उत्तर दिशा में जाने से तुम कायर बनोगे। लवकुश गुरु के वचनों का पालन करते हैं। अगले दिन भोर सुबह बारह कोस दूर पूरब की यात्रा करते हैं। वहाँ उदीयमान लाल रंगवाले सूर्य को शत्रु मानकर उससे लड़ने को तैयार होते हैं। द्वन्द्व युद्ध में उसे घायल भी करते हैं। इससे भयभीत सूर्य उन्हें वरदान देता है कि जब कभी उसका स्मरण करें तो वह उन्हें नागास्त्र देगा। इसके बाद लवकुश घर लौटते हैं।

अगले दिन सुबह भी इसी प्रकार भोर ही बारह कोस दूर पश्चिम की यात्रा करते हैं। वहाँ उन का विरोध कर सकनेवाला कोई दिखाई नहीं पड़ता है। रास्ते में वे पेड़ों से फल तोड़कर घर लौटते हैं। अगले दिन फिर भोर सुबह ही उत्तर की दिशा में यात्रा करने पर उन्हें कदिरि के पहाड़ दिखाई पडते हैं। कदिरि के पहाड़ पार करने के बाद उन्हें अयोध्या नगर दिखाई पड़ता है। नगर में घूमते हुए काले रंगवाले एवं तिलकधारी राम को देखकर उसे पहचानते हैं। राम के वैभव पूर्ण जीवन और उस की सेना को देखकर ईर्ष्या करने लगते हैं। सोचने लगते हैं कि इतनी सेना अगर उनके पास होती तो वे कुछ भी कर सकते हैं। पूरे विश्व को जीत भी सकते हैं। उसके बाद उम्र में छोटे लवराज को जानबूझकर अकारण ही झगड़ा करने का मन होता है। चलते-चलते वह रास्ते में बच्चों के लट्टुओं को पाँव से मार कर गिरा देता है। उनसे झगड़ा कर बैठता है। मन में सूर्य का स्मरण करके नागास्त्र को प्राप्त करता है। उसकी सहायता से अयोध्या नगर में घूमते हुए सभी भवन, दुकान, धर्मशाला आदि को खाक में मिलाते हैं। एक-एक करके पूरे नगर को उखाड़ कर ध्वंस करने लगते हैं। कथागीत का यह प्रसंग भी अवाल्मीक है। वाल्मीकि रामायण में लवकुश वाल्मीकि गुरु के पास रामकथा का गायन सीखकर पूरी अयोध्या में गली-गली घूमकर उसका प्रचार करते हैं।

नगर के इस अकल्पनीय कोलाहल और कांड को देखकर लक्ष्मण राम को सेना समेत पाताल जागकर प्राणों की रक्षा करने की सलाह देता है। राम उसी प्रकार सेना समेत पाताल जाकर छिप जाता है। भागनेवाले राम के साथ युद्ध करना ठीक नहीं समझ कर लवकुश घर लौटते हैं। रास्ते में सीता के द्वारा लगाये गये श्रृंगार वन में आम, कटहल आदि तोड़कर अपनी माँ के पास ले जाते हैं। सीता फलों को पहचानती है। लवकुश से यह जानने के लिए प्रश्न करती है कि आज वे किस दिशा में और कहाँ गये थे। लवकुश अयोध्या और अन्य घटनाओं का पूरा परिचय देते हैं। राम की निंदा करनेवाले लवकुश को देखकर सीता विलाप करने लगती है। उन्हें समझाने लगती है कि राम से शत्रुता हरि से शत्रुता के समान है। अपने सामने शत्रु की प्रशंसा करनेवाली सीता पर उन को गुस्सा आता है। दोनों बच्चे अगर इसी रूप में एक साथ हो तो इसी प्रकार के झगड़े मोल लेते होंगे। यह सोचकर उन्हें अलग-अलग कामों पर लगाने के लिए वह वाल्मीकि से विनती करती है। वाल्मीकि उम्र में बड़े कुशराज को फल-फूल इत्यादि इकट्ठा करने और छोटे लवराज को बगीचे की रक्षा का काम सौंपते हैं।

इधर अयोध्या में अश्वमेध यज्ञ के आयोजन की तैयारियाँ होती हैं।

यज्ञ में छोड़े जानेवाले घोड़े की सुरक्षा के लिए घोड़े से साथ हनुमान की नियुक्ति की जाती है।

घोड़े के सिर पर यज्ञ से संबंधित विज्ञापन (जय रेखा) लगाया जाता है। उसके बगल में ही दूसरों से छिपाते हुए गुप्त रूप में लक्ष्मण लवकुश को संबोधन करते हुए विशेष सूचना लिखता है। कथागीत में वर्णित यह विशेष सूचना का प्रसंग भी अवाल्मीकीय है। पहले दिन घोड़ा पूरब की दिशा में यात्रा करता है। वहाँ उसे कोई रोकनेवाला व विरोध करनेवाला दिखाई नहीं पड़ता है। दूसरे दिन सूरज के सिर पर चढ़ने तक घोड़ा आगे बढ़ता है। तब भी उसका विरोध करनेवाला तथा रोकने वाला कोई दिखाई नहीं पड़ता है। घोड़ा प्रसन्न होता है कि अब तक उसे विजय ही प्राप्त हुई है। धीरे-धीरे वह अयोध्या लौटने लगता है। रास्ते में वह फूलों से लदे बगीचे को देखता है। बगीचे में घुसकर वह फूलों को पौधों को उखाड़ने लगता है। भोजन करके घर से लौटनेवाले लवराज यह देखकर उसे पकड़ लेता है। घोड़े के सिर पर लगे विज्ञापन को और विज्ञापन के बगल में गुप्त रूप से लिखी गयी सूचना को पढ़ लेता है। घोड़े की सुरक्षा के लिए नियुक्त हनुमान घोड़े को रोकते देखकर उसे छोड़ने के लिए कहता है। घोड़े को मुक्त किये बगैर लवराज बंदर कहकर उसका अपमान करता है। दोनों के बीच में युद्ध होता है। युद्ध में लवराज हनुमान को गंभीर रूप से घायल करके बेहोश कर देता है। यह देखकर लवराज सोच में पड़ जाता है कि बेहोश हुए हनुमान का देहांत हो गया है। बंदर को मार कर उस की लाश को वैसे ही छोड़ देना पाप समझकर वह उसे जलाने आग के लिए अपनी माँ के पास दौड़ता है। घटना का पूरा जायजा लेने के बाद सीता हनुमान को पहचानती है। अपने दोनों स्तन का पान निकालकर लव से कहती है कि वह उसे मूर्च्छित हनुमान को पिला दें। अपनी माँ का स्तन पीने से बंदर बलवान होगा समझकर लवराज स्वयं दूध पीकर दोने को पानी से साफ करके उस पानी को बंदर को पिलाता है। स्तन पान की महिमा से हनुमान फिर जीवित हो उठता है। परन्तु उसे खड़े होने पर भय लगता है कि उसे जीवित देखकर लवराज दुबारा मारेगा इसलिए वह धीरे-धीरे लुढ़कता हुआ अयोध्या पहुँचता है। अकेले लौटकर आनेवाले हनुमान को देखकर राम प्रश्न करता है कि सेना और साथ में गया घोड़ा कहाँ है? प्रश्न का समाधान दिये बगैर हनुमान अपनी नौकरी व पद छोड़ने के लिए तैयार होता है कि साँस रहे तो नमक बेचकर जीवन काटूँगा।

राम की आज्ञा पर लवराज के भय से पेड़ की आड़ से ही हनुमान भरत, शत्रुघ्न को बगीचे का रास्ता दिखाता है। जहाँ घोड़े को पकड़कर बाँध दिया गया था। भरत, शत्रुघ्न लवराज से घोड़ा छोड़ने की बात करते हैं। परन्तु लवराज नहीं मानता है उलटा भरत, शत्रुघ्न को युद्ध के लिए ललकारता है। युद्ध में भरत शत्रुघ्न के बाण लगकर लवराज बेहोश हो जाता है। जंगल में फल तोड़नेवाले कुशराज को इसका आभास मात्र होता है। वह तुरंत अपनी माँ के पास दौड़ता है। सीता उसे समझाती है कि राम से वैर न मोल लें। दुश्मन की प्रशंसा करनेवाली माँ पर कुशराज को गुस्सा आता है। आखिर माँ का आशीर्वाद प्राप्त करके वह बगीचा पहुँचता है। वहाँ अचेतन लवराज को देखकर कुशराज भरत शत्रुघ्न पर बाण चलाता है। वह लव को बंधन मुक्त करने में सफल हो जाता है। फिर लवकुश दोनों मिलकर भरत, शत्रुघ्न पर बाण चलाते हैं। युद्ध में पराजित होकर भरत, शत्रुघ्न दोनों बेहोश हो जाते हैं। छिपते-छिपते हनुमान अयोध्या पहुँच कर इसकी सूचना राम को देता है। समाचार सुनकर राम सेना और लक्ष्मण के साथ फूलों के बगीचे के पास आता है। वहाँ पहुँचकर राम लवकुश को समझाने की कोशिश करता है कि वे घोड़े को छोड़ दें। लेकिन वे घोड़े को छोड़े बिना

राम को युद्ध करने के लिए ललकारते हैं। युद्ध में एक-दूसर पर अनेक बाणों का प्रयोग करते हैं। कथागीत में लक्ष्मण ही लवकुश की ओर से गुप्त रूप से राम के साथ युद्ध करता है। लक्ष्मण राम के बाणों का उत्तर अपने बाणों से देता है। सभी बाण बेकार जाने के बाद राम अपनी पराजय को स्वीकार कर लेता है। राम पराजय को स्वीकार करने के बाद बच्चों के सिरों पर रखने के लिए छत्रक बनवाता है। उनके माँ-बाप, गुरु, कुल, गोत्र आदि के बारे में जानने के लिए प्रश्न भी करता है। लवकुश अपने माँ-बाप आदि का परिचय दिये बिना उलटा राम से ही प्रश्न करते हैं कि पहले वे अपना परिचय दें। राम अपने माँ-बाप आदि का परिचय देता है कि उसकी क्षत्रिय जाति है। काशी गोत्र है, वाल्मीकि गुरु हैं और दशरथ उनका पिता है, कौसल्या उसकी माँ है, सीता उसकी धर्म पत्नी है, भरत, शत्रुघ्न और लक्ष्मण उनके बलावन भाई हैं। राम का परिचय प्राप्त करके बच्चे अपनी माँ के पास दौड़कर आते हैं। माँ से अपने कुल, गोत्र, माँ-बाप, गुरु आदि के बारे में प्रश्न करने लगते हैं। सीता पहले उन्हें बहकाने की कोशिश करती है। फिर बल देने पर विवश होकर उनके माँ-बाप आदि का परिचय देती है। वे जाति के क्षत्रिय हैं। उनका गोत्र काशी गोत्र है। उनके गुरु वाल्मीकि हैं। दशरथ उनके दादा हैं, कौसल्या उनकी दादी हैं। राम उनके पिता हैं। सीता उनकी माँ हैं। लक्ष्मण, भरत और शत्रुघ्न उनके चाचा हैं। माँ से यह समाचार प्राप्त करके लवकुश अपने पिताजी राम के पास दौड़ आते हैं। उन्हें यह पूरा विवरण सुनाते हैं। बच्चों के मुँह से इन बातों को सुनकर राम अतिप्रसन्न होता है। दोनों को बड़े प्यार से गोद में लेकर अपनी जाँघों पर बिठा लेता है। प्रेम से यह जानना चाहता है कि उनकी माँ कहाँ हैं?

राम लवकुश के साथ आश्रम में सीता से मिलने जाता है। लक्ष्मण आदि के साथ आनेवाले राम को देखकर सीता सोने के कलशों में पानी भर सोने की थाली में श्रीराम के चरण रखवाकर अर्घ्य करती है। अर्घ्य जल को नीचे उंड़ेलने से पाप समझकर उसे अपने सिर पर डाल लेती है। सीता के पातिव्रत्य, प्रेमानुराग के प्रति लोक-कवि-गायकों की श्रद्धा भक्ति को यह दृश्य अत्यंत सफल ढंग से उभारता है। बाद में राम की आज्ञा के अनुसार सीता बगीचे में अचेत पड़े सबको पुनः जीवित करती है। फिर आनंदोत्सव से सभी अयोध्या नगर लौटते हैं। अयोध्या नगर में लवकुश की शरारतें और शोरगुल असहनीय हो जाता है। इससे बचने के लिए सीता भूदेवी से विनती करके भूप्रवेश करना चाहती है। भूदेवी सीता की प्रार्थना मानकर जगह देती है। सीता भूप्रवेश करने लगती है। तो राम उसे पकड़ कर बाहर निकालने का प्रयत्न करता है। यह प्रसंग भी अवाल्मीकीय अंश है। वाल्मीकि रामायण में लवकुश के युद्ध के बाद सीता भूप्रवेश करती है। लेकिन अनोखे ढंग से इस कथागीत में भूप्रवेश करनेवाली सीता को राम रोक देता है। बाद में अपने दोनों बच्चों को हाथों से लेकर अपनी जँघों पर बिठा लेता है। उनको आशीर्वाद देता है कि युग-युगों तक पृथ्वी पर उनकी पूजा होती रहेगी। राम उनका राज्याभिषेक करके सीता, लक्ष्मण, उर्मिला आदि सभी आत्मीय जनों के साथ सशरीर स्वर्ग चला जाता है। इस प्रकार अनेक अवाल्मीकीय व विलक्षण प्रसंगों से भरा यह कथागीत उत्तर रामायण की कथा जानपद और मनुष्य मात्र को अपनी ओर आकृष्ट करके उन्हें रसानंद देने में अत्यंत सक्षम है।

परिशिष्ट

तेलुगु जानपद उत्तररामायणमु

नागरी लिप्यांतरण

शरणु शरणु रामा शरणय्या राघव
शरणाग बिरुदुगल रामा
नीकिंका शरणय्या श्री रघुरामा
शरणन्न वारुलकु मरणमेन्नड्डु लेदु
शरणन्न वारुलकु मरणमेन्नडुलेदु
शरणाग बिरुदु गला रामा
नीक्किा शरणय्या श्री रघुरामा
अखल कल संहार अंभोज शेखरुड
अखल कल संहार अंभोज शेखरुड
अंभोज राम शरणय्या
नीकिंका अइवध्या[1] राम शरणय्या
कन्नवारिकि राम! विन्नवारिकि राम
कन्नवारिकि राम! विन्नवारिकि राम
कालिग्य[2] राम शरणय्या
नीकिंका पट्टाभिराम शरणय्या
शरणु शरणांटने
मायालेडी यादि माय पटमुलु रासि नादि
आ लेडी माय पटमुलु रासि नादि
नालुगन सौरट्ल भूमिलेल्ल तिरिगि
रीतग्ग पंडिन सिरि साग[3] मीदने
पटमुले पारवेसिंदि
वालेडी पटमुले पारवेसिंदि
चिरुक नडुपुल तल्लि सीता मालक्ष्मि
सिरिकन्नु तेरचि चूसिंदि
तन पदिवेलतो पटमुनु बारचूस्तेनु
रावणुनि रूपमु लुन्नाये

हिंदी अनुवाद

शरण शरण हे राम शरण शरण हे राघव
शरणागतवत्सल नामांकित हे राम
शरण शरण हे श्रीरघुराम!
होगा नहीं मरण शरणापन्न का कभी शरण में तेरे
होगा नहीं मरण शरणापन्न का कभी शरण में तेरे
शरणागत वत्सल नामांकित हे राम
शरण शरण हे श्री रघुराम!
सब दुष्टों के संहारक हे कमल शिरोभूषण
सब दुष्टों के संहारक हे कमल शिरोभूषण
शरण शरण हे शेष शयन राम
शरण शरण हे कोशलाधीश राम
देखनेवाले को हे राम सुननेवाले को हे राम
देखनेवाले को हे राम सुननेवाले को हे राम
कलियुग में नहीं और शरण हेराम
मात्र शरण है तेरे हे पट्टाभिराम!
शरण शरण माँगती हुई
मायाविनी वह माया चित्र खींचने आयी
मायाविनी वह माया चित्र खींच गयी
घूम फिर कर चारों दिशाओं में
सोयी हुई सीता की चटाई पर ही
चित्र को फेंक गयी
मायाविनी वह चित्र को फेंक गयी
चिर सौभाग्यवती माई सीता मालक्ष्मी
देखी उठाकर अपनी आँखें माई
देखने से एकटक चुस्त आँखों से अपनी
दिखाई दी रावण की सैन

पटमुलो रावणुनि रेखलुन्नाये	दिखाई दी चित्र में रावण की सैन
ई समयमंदुन्न ना रामु चूस्तेनु	देखेगा राम अगर इस समय मुझे
बाणान खंडिंचु वेसु	मारेगा एक ही बाण से मुझे
नन्नोक्क बाणान खंडिंचु वेसु	मारेगा एक ही बाण से मुझे
चिरुक नडतल तल्लि सीता मालक्ष्मि	चिर सौभाग्यवती माई सीता लक्ष्मी
जालाटि[4] बंड क्रिन्देश	छिपा दिया स्नानघाट के नीचे उसे
नातल्लि जालाटि बंड क्रिन्देश	छिपा दिया सीता ने स्नानघाट के नीचे उसे
लक्षलकु तीरिन्न रच्च बंडल मीद	लाखों से भरे चौपाल पर
राजानुराजुलु रामुलु गूर्चोनि	राजा सामंतों के साथ राम बैठकर
पट्टि पंदेमु आडु तुंड्रि	खेल रहा था दाँव शतरंज के
अक्कड पगिडि पन्दे माडुतुड्रि	खेल रहा था वहाँ दाँव सोने के
दिमि दिमि तालालु दिविक्रोट्टि म्रोगंगा	दिमि दिमि गूँज बजते बाजा
राज गुरुवुलनियेडि रणभेरि सोकिंदि	बजी भेरी संग छोड़ गुरु राजा
रतुल राम सालेल्लनन्ना	पहने रत्नाभूषण निकले राम हे भाई
अप्पुडु श्रीराम सालेल्लनन्ना	पहुँचने तब महल निकले राम हे भाई
रामुलोच्चे राकट[5] सीतम्म चूसिंदि	देखा राम के आने को सीता माई ने
वेंडि कावुलकु वेन्नीळ्ळु पोसिंदि	चाँदी की हांडियों में भरा गरम पानी
पगिडि कावुल तो पाट्ल बड चेसिंदि	सोने की हांडियों में भरा ठंडा पानी
जालाटि बंड के पट्टा नातल्लि	स्नानघाट के पास ले गयी माई
जालाटि बंड के पट्टा मातल्लि	स्नानघाट के पास ले गयी माई
रामुल पादमु बंड पैन पडि	लगकर राम के चरण पत्थर पर
पटानि के पान मोच्चा	चित्र में हुए प्राण संचार
माया पटमु इल्लंता कप्पुकुन्डा	माया चित्र फैल गया घर भर
इल्लंता कप्पुकुंडा	फैल गया घर भर
मायपटमु युद्धानिकिलेचि कूर्चुन्डा	माया चित्र रण के लिए हुआ तैयार
अंतमरुलुनु गोन्न	अति मोह भी होकर
आ सीता नप्पुडु अंटकने मुट्टकने पोया	उस सीता का बिना स्पर्श किये बिना अंक भरे
ओ देव अंटकने मुट्टकने पोया	हे देव बिना स्पर्श किए बिना अंक भरे
मुनिगि पोइन गानि मुनिगि पोकुंडाने	बिना डूबे डुबाने पर
पटमुलुनु रासु कुन्नादि	रख दिया चित्र खींच कर
ई सीता प्रक्कलो पेट्टुकुन्नादि	रख लिया सीता ने अपने मानस-पटल पर
अग्गै मन्डेने अयोध्या रामुलु	जला आग बनकर आयोध्या राम
हारि बाटलु पट्टिनाडु	नापने लगा रास्ते श्रीराम
रामुडु रच्च बाटलु पट्टिनाडु	नापने लगा चौपाल के रास्ते श्रीराम

लक्षलकु तीरिन्न रच्च बंडल मीद
राजाना राजुलु रामुलुनु गूर्चोनि
पट्टि पन्देमु आडुतुंड्रि
वक्कड पगिडि पंदेमु आडुतुंड्रि
साकलि मरियेलि सेट्टिवानि कोडुकु
मासिन्न गुड्डलु मल्लबड उन्टेनु
वानालिनि वाडु मर्दिन्वा
ओ देव अदि पोइ पुट्टिनल्लु चेरा
ओ देव दानि तंड्रि दनितोलिकोच्चा
ऊरि बट्टलेल्ला माद[6] कट्टुकोनि
ऊरिकिट वच्चिनाडु साकलोडु
ऊरिकिट काड कोच्चिनाडु
कोट्टिन तिट्टिन इन्टलो उन्डालि मामा
इल्लनेल्लि नालिनि सरियात्मा नेनेल मामा
आयाल्लि सरियात्मा नेनेल मामा
वेर्रि रामुलु गांग तिक्का रामुलु गांग
शरपोइन सीतनु तेच्चि पट्नमुन्विनाडु
ओ मामा अतिवेगमुगा एलुताडु
ना बोटि गाल्लैते
ना ओक्का बाणान खंडिंतु मामा
साकल्लि मरियालि सेट्टिवानि कोडुकु
चेप्पिन्न माटलु चेवुलारा आलकिंचेनम्मा
श्री रामु चेवुलारा आलकिंचे नम्मा
एर्रंग पंडिन कोर कंकि वाला
तलनाल केसि नाडम्मा श्री राम
तलनाल केसि नाडम्मा श्रीराम
विनवोई लक्ष्मण विनकुल भूपाल
सौमित्रि कुम्हार सोधकुल लक्ष्मण
कायरादुर सीतनिंका
लक्ष्मण खंडिंचि रम्मानि पलिके
अइवध्यकु तूर्पुन पगलु चीकटि कोन
परदाच्चि मेन मुप्पै मूडु कोट्ल
मुनुलुन्न स्थलमुन
कुदुरु चक्कनि मंचि गुन्न चिंतलि क्रिंद

लाखों से भरे चौपाल पर
राजा सामंतों के साथ राम बैठकर
खेल रहा था दाँव शतरंज के
खेल रहा था वहाँ दाँव सोने के
मरियेल सेट्टी धोबी का बेटा
देखकर ढेर पड़े गंदे कपड़ों को
डाँटा उसने अपनी भार्या को
हे देव रूठकर वह पीहर चली गयी
हे देव बाप उसका उसे ले आया
बनाकर गठरी गाँव के सब गंदे कपड़े
आया धोबी गाँव के बाहर
धोबीघाट आया गाँव के बाहर
डाँटने फटकारने पर पड़े रहना घर ही मामा
घर से निकली उसे रखूँगा नहीं मामा
रखूँगा नहीं उस भार्या को मामा
सनकी हो या पागल राम ने
बनायी पटरानी परवास रही सीता को
भार्या बनाकर रख लिया मामा
अगर मैं होता
एक बाण से उसे वध करता
मरियाल सेट्टि धोबी के बेटे की
बातों को सुना अपने कानों से
सुन लिया श्रीराम ने अपने कानों से
पकी लाल धान की फसल सी
सर झुका लिया श्रीराम ने माई
सर झुका लिया श्रीराम ने माई
इक्ष्वाकु भूपाल सुनो भाई लक्ष्मण
सुमित्रा सुत हे पटु लक्ष्मण
रख नहीं सकता रे सीता को
कहा राम आओ वध करके सीता को
अयोध्या के पूरब में होता अँधियारा दिन में जहाँ
कीकारण्य में तैंतीस करोड़ जहाँ
मुनियों के रहते जहाँ
घनी फैली अच्छी इमली पेड़ के तने

खंडिंचि रम्मानि पलिके	कहा राम ने वध करके आने
श्रीरामु तेगटार्चि रम्मानि पलिके	कहा राम ने वध करके आने
कल्ल लेनि सीतनु इल्लेल्ल गोट्टिते	बेकसूर सीता को घर निकालने से
जनुलेमन्दुरो अन्ना	जन क्या समझेंगे भाई
मनसाटि दोर लेमनन्दुरो रन्ना	साथी राजा सामंत क्या सोचेंगे भाई
नाचेति बाणालु नी चेतनुन्नाइ	मुझ जैसे बाण हैं तुम्हारे पास भी
नन्नु संपर लक्ष्मणय्या नीविंक	वध करो मेरा लक्ष्मण
नन्नु संपि नीवदिन विद्दरु	मार कर मुझे तुम और तुम्हारी भावज
अइवध्य पट्नमुनु अतिवेगमुग एलरन्ना	राज करो अयोध्या मे सुख से
अग्गै मंडेने लक्ष्मणा पेरुमाल्लु	जला आग बनकर लक्ष्मण
वारिबाटलु[7] पट्टिनाडु	रास्ता नापने लगा लक्ष्मण
लक्ष्मण वदिन बाटलु पट्टिनाडु	रास्ता भावज का नापने लगा
मरिदोच्चे राकट सीतम्मा चूसिंदि	देखा सीता ने देवर के आने
अप्पुडेमनि पलुकुतादि	तब कहने लगी तब ऐसा
मरिदि गदु लक्ष्मण ममुगन्न मातंड्रि	देवर लक्ष्मण मेरे प्रिय भाई
एक्कडोस्तिवन्न नीवु लक्ष्मण	तुम कैसे आये भाई
एक्कडोस्तिवन्न नीवु	तुम कैसे आये भाई
वदिनववु सीतम्म वैकुंठरालवु	वैकुंठवासी भावज सीता माई
अडुवुलके पयनमम्मा मनमिंक	जाना जंगल हमें माई
अडवुल के पयनमम्मा	जाना जंगल हमें माई
गोडु गोडुन दुःख सागे सीतम्म	रो पड़ी फूट-फूटकर सीता माई
गोट नीरुलु चिम्म सागे	बहाने लगी आँसू सीता माई
रंगैन मुत्याल सोरुगु देगिनट्लु	रंगीली मोतियों की टूटी लड़ी सी
राल कन्नुल तीर्थमम्मा सीतम्मा	गिरने लगे आँसू धारा सी
राल कन्नुल तीर्थमम्मा	बहने लगी सीता की आँखों से अश्रुधारा सी
अइवध्यकु तूर्पुन पगलु चीकटि कोन	अयोध्या के पूरब में होता अँधियारा दिन में जहाँ
परदाच्चिमेन मुप्पइ मूडु कोट्लु	कीकारण्य में तैंतीस करोड़ जहाँ
मुनुलुन्न स्थलमुन	मुनि रहते जहाँ
कुदुरु चक्कनि मंचि गुन्नचिंतलि क्रिंद	घनी फैली अच्छी इमली पेड़ के तने
खंडिंचि रम्मानि पलुके श्रीराम	कहा राम ने वध करके आने
तेगटार्चि रम्मानि पलिके	कहा राम ने वध करके आने
सुंदर लक्ष्मण वेनकेन सीतम्म	आगे आगे लक्ष्मण पीछे सीता माई
एप्पुडो बयलेल्लिनारु वाड्लिंक	कभी के निकले वे दोनों जंगल
एप्पुडनो बयलेल्लिनारु	कभी के निकले वे दोनों जंगल

मरिदि गुद लक्ष्मण ममुगन्न मातंड्रि
मूल द्वारमु काड मुग्गुरत्त गारितो
मुच्चटलाडोस्ता मरिदि नेनिंक
वगवार्त तेलिपोस्तननेनु
वदिनववु सीतम्म वैकुंठरालवु
अतिवेगमुग वेल्लवम्मा नीविंक
अतिवेगमुग वेल्लवम्मा
चिरुत नडपुल तल्लि सीतामालच्चिमि
चिन्नत्त बाट पट्टिंदि मातल्लि
कैकम्म बाट पट्टिंदि
कोडलोच्चे राकट कैकम्म चूसिंदि
सिरिचापले परिचिनादि कैकम्म
सिरिचापले परिचिनादि कैकम्म
जनकुनि कूतुरिवि दशरथुनि कोडलिवि
रामुलकु भार्यवु लक्ष्मण्ण वदिनवु
इल्लु वेल्लनि दानिवि एक्कडोस्तिवम्मा नीवु
सीतम्मा एक्कडोस्तिवम्मा नीवु
अलनाडु मीरंता अडवुलाकु पोइ नेटि
रामुल एतलन्नि कथा वड चेप्पु सीतम्मा
नीवोग कथ बड चेप्पु सीतम्मा
कथ लेमि चेप्पेनु ओ अत्ता कैकम्मा
वेतलु चेप्पु कोनु वस्ति नेनिंक
वेतलु चेप्पु कोनु वस्ति
अइवध्यकु तूर्पुन पगलु चीकटि कोन
परदाच्चिमेन मुप्पै मूड्डु कोट्लु
मुनुलुन्न स्थलमुन
कुदुरु चक्कनि मंचि गुन्न चिंतलि क्रिंद
खंडिंचि रम्मनि पलिके
नी कोडुकु तेगटार्चे रम्मानि पलिके
अडवुलाकु नीवु पयान मैतेनु
नीवेंट पयन मेवरम्मा सीतम्मा
नीवेंट पयन मेवरम्मा
ननुगन्न नातंड्रि ना मरिदि लक्ष्मण
अडवुलाकु नावेंट पयन मैनाडु अत्ता

देवर लक्ष्मण मेरे प्रिय भाई
मूल द्वार के पास तीन सासों से भाई
लेकर आऊँगी आज्ञा मैं
खबर लेकर आऊँगी मैं
वैकुंठवासी भावज सीता माई
जाइए शीघ्र ही हे माई
शीघ्र ही जाइए हे सीता माई
चिर सौभाग्यवती माई सीता लक्ष्मी
रास्ता छोटी सास का नापने लगी
कैकेई माई के पास जाने लगी
देखा सीता के आने को माई कैकेई
बिछाई कैकेई सोने की चटाई
बिछाई कैकेई सोने की चटाई
जनक की बेटी हो दशरथ की बहू हो
राम की पत्नी हो लक्ष्मण की भावज हो
निकलनेवाली नहीं कभी घर से कैसे आयी हो
सीता माई यहाँ कैसे आयी हो
जंगल गये समय आप सब की
राम की व्यथाओं की कथा सुनाओ सीता माई
कथा सी सुनाओ तुम सीता माई
कथा क्या कहूँगी हे सास कैकेई माई
बाधाएँ बखान करने आयी
बाधाएँ बखान करने आयी
अयोध्या के पूरब में होता अँधियारा दिन में जहाँ
कीकारण्य में तैंतीस करोड़ जहाँ
मुनि रहते जहाँ
घनी फैली अच्छी इमली पेड़ के तने
कहा राम ने वध करके आने
कहा बेटे तुम्हारे ने वध करके आने
निकले अलग जंगल को
सीता माई साथी तुम्हारा है कौन
साथी तुम्हारा है कौन
मेरा प्रिय भाई देवर लक्ष्मण
चलने जंगल मेरे साथ हे सास तैयार

ना मरिदि पयान मैनाडत्ता	हे सास देवर मेरा तैयार
निनु गन्न नी तंड्रि नी मरिदि लक्ष्मण	तुम्हारा प्रिय भाई देवर लक्ष्मण अगर
अडवुलकु नीवेंट पयान मैतेनु	साथ तुम्हारे जंगल जाने को तैयार
प्राणानिकि भयमु लेदम्मा सीतम्म	सीता माई नहीं कोई चिंता प्राणों की
प्राणानिकि भयमु लेदम्मा	नहीं कोई चिंता प्राणों की
सूर्य बाणमु गंध मेल्ल तीसा	सूर्यबाण को पीसकर
चंद्र बाणमु गंध मेल्ल तीसा	चंद्रबाण को पीसकर
नारायुननेटि नरसिंह बाणमु गंध मेल्ला तीसा	नारायणी नरसिंह बाण को पीसकर
मूडु बाणालनु गंध मेल्ल तीसिनादि	घोल करके तीनों के तीनों बाणों को पीसकर घोल बनाकर
कैकम्म दोरिनाल्लकि वंचिनादि	छान कर कैकेई
सीतम्म तिवाकुने[8] पोसिनादि	भर दिया सीता माई की गोद
कैकम्म	कैकेई
तिरिगिचूड पोइ रम्माना	और कहा जाने को बिना पीछे मुड़े
वेनुकुलु मुन्दुलु वेन्नु लेन्नि गानि	आगे पीछे अगर बाल निकलने पर
मुन्दु नी कोडुकुकु मूडुनेल्ल	तुम्हारे बेटे को तीन महीनों में
पसुपुलाडि उंटननि चेप्पु ओ अत्ता	हे सास कह दो बच्चा दे दूँगी मैं
ई माट मति नुंच मनेनु	कही बात मन में रखने की
मुंदरा लक्ष्मण वेनकने सीतम्म	आगे आगे लक्ष्मण पीछे सीता माई
एप्पुडनो बललेल्लिनारु वाड्लिंक	कभी के निकले वे दोनों जंगल
एप्पुडनो बयलेल्लिनारु	कभी के निकले वे दोनों जंगल
लक्षलाकु तीरिन्न रच्चबंडल मीद	लाखों से भरे चौपाल पर
राजानु राजुलु रामुलुनु कूर्चोनि	राजा सामंतों के साथ राम बैठकर
पट्टि पंदेमु लाडुतुंड्रि	खेल रहा था दाँव शतरंज के
अक्कड पगिजि पंदेमु लाडुतुंड्रि	खेल रहा था वहाँ दाँव सोने के
वदिनकु शरणु सेस्ते अन्नय्य कोमन्न	भावज को भाई से बचायेगा अगर
अक्करलु कलुगुननि	आयेगा गुस्सा समझकर
वदिननु शरणु सेयमाने लक्ष्मणा	कहा लक्ष्मण ने अपनी भावज से विदा लेने
वदिननु शरणुलु सेयामाना	कहा भावज से विदा लेने
तूर्पु मगिसाले[9] निलिचि ने सीतम्मा	सीता माई पूरब की ओर खड़ी हो गयी विदा लेने
रेंडु चेतुलु जोडिंचि कोनितल्लि	जोड़कर दोनों हाथ अपने सीता माई
अप्पुडेमनि पलुकुतादि सीतम्म	कहने लगी ऐसा सीता माई
अप्पुडेमनि पलुकुतादि	कहने लगी ऐसा सीता माई
शरणु शरणु राम शरणु शरणु राम	शरण शरण हे राम। शरण शरण हे राम।

शरणय्या राघवा शरणाग बिरुदु
गल रामा
नीकिंका शरणय्य श्री रघुरामा
तूर्पुनुन्न रामुडप्पडु
दक्षिणानिकि मल्लिनाडु
रामुडु दक्षिणानिकि मल्लिनाडु
दक्षिणमु मगिसाले निलिचिने सीतम्म
रेंडु चेतुलु जोडिंचि कोनि तल्लि
अप्पुडेमनि पलुकुतादि सीतम्मा
अप्पुडेमनि पलुकुतादि
शरणन्न वारुलकु मरणमेन्नडु लेदु
शरणन्न वारुलकु मरणमेन्नडु लेदु
शरणाग बिरुदु गल रामा
शरणय्य श्री रघुरामा
दक्षिणान उन्न रामुडप्पुडु
पड़मटि के मल्लिनाडु
रामुलु पडमटि के मल्लिनाडु
पडमटि मगिसाले निलचने सीतम्मा
रेंडू चेतुलु जोडिंचि कोनि तल्लि
अप्पुडेमनि पलुकुतादि सीतम्मा
अप्पडेमनि पलुकुतादि
अखल कल संहारा अंभोज शेखरुड
अखल कल संहारा अंभोज शेखरुड
अंभोज राम शरणय्य नीकिंक
अइवध्य राम शरणय्य
पडमटिन उन्न रामुलप्पुडु
उत्तरानिकि मल्लिनाडु रामुलु
उत्तरानिकि मल्लिनाडु
उत्तरपु मगिसाले निलचने सीतम्म
रेंडु चेतुलु जोडिंचि कोनि तल्लि
अप्पुडेमनि पलुकुतादि सीतम्म
अप्पुडेमनि पलुकुतादि
कन्नवारिकि राम विन्नवारिकि राम
कन्नवारिकि राम विन्नवारिकि राम

शरण शरण हे राघव। शरणागत
वत्सल नामांकित हे राम।
शरण शरण हे श्री रघुराम
पूरब की दिशा में बैठा राम
तब दक्षिण की ओर मुड़ा राम
तब दक्षिण की ओर मुड़ा राम
तब खड़ी हो गयी दक्षिण की ओर सीता माई
जोड़कर अपने दोनों हाथ सीता माई
कहने लगी ऐसा सीता माई
कहने लगी ऐसा सीता माई
होगा नहीं मरण शरणापन्न का कभी शरण में तेरे
होगा नहीं मरण शरणापन्न का कभी शरण में तेरे
शरणागतवत्सल नामांकित हे राम
शरण शरण हे श्री रघुराम
दक्षिण की ओर मुड़ा राम
तब पश्चिम की ओर मुड़ा राम
पश्चिम की ओर मुड़ा श्रीराम
तब खड़ी हो गयी पश्चिम की ओर सीता माई
जोड़कर दोनों हाथ सीता माई
कहने लगी ऐसा सीता माई
कहने लगी ऐसा सीता माई
सब दुष्टों के संहारक हे कमल शिरोभूषण
सब दुष्टों के संहारक हे कमल शिरोभूषण
शरण शरण हे शेषशयन राम
शरण शरण हे कोशलाधीश राम
पश्चिम की ओर मुड़ा राम
तब उत्तर की ओर मुड़ा राम
उत्तर की ओर मुड़ा राम
तब खड़ी हो गयी उत्तर की ओर सीता माई
जोड़कर अपने दोनों हाथ सीता माई
कहने लगी ऐसा सीता माई
कहने लगी ऐसा सीता माई
देखनेवाले को हे राम सुननेवाले को हे राम
देखनेवाले को हे राम सुननेवाले को हे राम

कालिग्य राम शरणय्य नीकिंका	कलियुग में नहीं और शरण हे राम
पट्ठाभिराम शरणय्य	शरण शरण हे पट्टाभिराम
वदिने शरणालु जेस्ते अन्नय्य केमन्न	भाई से बचायेंगे अगर भावज को
अक्करलु कलुगुननि शलविच्चि पंपमन्नाडु	आयेगा गुस्सा समझकर कहा लक्ष्मण ने आज्ञा देने को
लक्ष्मण शलविच्चि पंपमन्नाडु	कहा लक्ष्मण ने आज्ञा देकर भेजने को
विनवोई लछ्मणा विनकुल भूपाल	इक्ष्वाकु भूपाल सुनो भाई लक्ष्मण
सौमित्री कुमहार सोधकुल लछ्मणा	सुमित्रा सुत हे पटु लक्ष्मण
कायरादुर सीतनिंक लछ्मणा	रख नहीं सकता रे सीता को
खडिंचि रम्मानि पलिके	कहा राम ने लक्ष्मण से आओ वध करके सीता को
अइवध्यकु तूर्पुन पगटि चीकटि कोन	अयोध्या के पूरब में होता अँधियारा दिन में जहाँ
परदाच्चि मेन मुप्पै मूड्डु कोट्लु	कीकारण्य में तैंतीस करोड़ जहाँ
मुनुलुन्न स्थलमुन	मुनि रहते जहाँ
कुदुरु चक्कनि मंचि	घनी फैली अच्छी
गुन्न चिंतलि क्रिंद	इमली पेड़ के तने
खंडिंचि रम्मानि पलिके श्रीराम	कहा राम ने वध करके आने
तेगटार्चि रम्मानि पलिके	कहा राम ने वध करके आने
कल्ललेनि सीतनु इल्लेल्ल गोट्टिते	बेकसूर सीता को घर निकालने से
जनु ले मन्दुरोरन्ना	क्या समझेंगे जन भाई
मन साटि दोरलु एमंदुरो रन्ना	क्या सोचेंगे राजा सामंत साथी भाई
ना सेति बाणालु नी सेत उन्नाई	मुझ जैसे बाण हैं तुम्हारे साथ भी
नन्नु संपर लक्षुमण्णा नीविंका	वध करो मेरा लक्ष्मण
नन्नु संपर लक्षुमण्णा	वध करो मेरा लक्ष्मण
नन्नु संपि मीवदिने मीविद्दरु	मारकर मुझे तुम और तुम्हारी भावज
अइवध्य पट्टनमुनु अतिवेगमुग	राज करो दोनों अयोध्या में सुख से
एलरन्ना मीरिंक अतिवेगमुग एलरन्ना	राज करो शीघ्र ही चैन से
अगै मंडेने लक्ष्मण पेरुमाल्लु	जला आग बनकर लक्ष्मण
विनवोई लक्ष्मण विनकुल भूपाल	इक्ष्वाकु भूपाल सुनो भाई लक्ष्मण
सौमित्री कुमार कुम्हार सोधकुल लक्ष्मण	सुमित्रा सुत हे पटु लक्ष्मण
करकर मनियेटि एर्रंग प्रोड्डु पोडिचेटालकु	भुरभुरी सी प्रभाती होने के समय तक
कनुगुड्लु रंगतालु[10] तेच्चेने तेच्चिनावु	लाओ खून से लथी पुतलियों को
ताकुंटे लक्ष्मण राम बाणानिकि	नहीं तो लक्ष्मण राम बाण का
बानिगोर्रेवि सुम्मि! नीवु लक्ष्मणा	हो जाओगे शिकार समझ लो तुम
मुंदरा लक्ष्मणा वेनकने सीतम्म	आगे आगे लक्ष्मण पीछे सीतामाई
एप्पुडनो बयलेल्लिनारु वांड्लिंक	कभी के निकले वे दोनों जंगल

एप्पुडनो बयलेल्लिनारु
लक्षलकु तीरिन्नि पच्चबंडल दाटि
बंगारु मालदाटिनारु[11] अइवध्य
बंगारु मालदाटिनारु
एत्तैन मिद्देलुसित्तालु सांविड्लु
एप्पुडो दाटिनारु अइवध्य
एप्पुडो दाटिनारम्मा
गुर्रालु पंडेटि कुटव्वलु[12] दाटिरि
एनग साललु दाटिनारु अइवध्य
एनग साललु दाटिनारु
पसिवाल्लु आडेटि पंदिर्लु दाटिरि
पसिडि गडपलु दाटिनारु अइवध्य
पसिडि गडपलु दाटिनारु
पच्चंग पूसिन्न तंगेडलु दाटिरि
पसिमि तंगेडु दाटिनारु
मुवन्नेलु दाटिनारु वाड्लिंक
पुल्लनेरडु दाटिनारु
कडल कडल सीतम्म वेसिन्न
सिंगारपु वनमु दाटिरि अइवध्य
श्रृंगारवनमु दाटिरि
अइवध्यकु तूर्पुन पगटि चीकटि कोन
परदाच्चि मेन मुप्पै मूडु कोट्लु
मुनुलुन्न स्थलमुन
कुदुरु चक्कनि मंचि गुन्नचिंतलि क्रिंद
कूर्चुंड सीतम्म तल्लि वक्कड़
चूसिन्न कन्नुलकु सुरिपामु सुरगपालु
नन्नु संपरा लक्ष्मणा
नीविंक संपिपोइ लक्ष्मणा
निन्नु संपनु ना सेतुलाडवु तल्लि
नेलतरो ने नेमि सेतु तल्लि
सीतरो ने नेमि सेतु
नडचिन्न काल्लल्ल बोब्बलु पोइनाइ
नन्नु संपरा लच्चुमण्णा[13]
नेनिंक नडुव लेनु लच्चुमण्णा

कभी के निकले वे दोनों जंगल
पार किया लाखों से भरे चौपाल को
पार किया अयोध्या के सोने के महलों को
पार किया सोन महलों को
ऊँची-ऊँची इमारतें आराम धर्मशालाएँ
पार किया कभी के अयोध्या
पार किया कभी के अयोध्या
पार किया घुड़शाल को
पार किया हाथी शाल को
पार किया हाथी शाल को
पार किया बच्चों के खेल वितानों को
पार किया अयोध्या की सोन देहलियों को
पार किया सोन देहलियों को
पार किया पीले पीले फूले पीले फूलों को
पार किया पीले फूलों को
पार किया दोनों ने पशुशाल को
पार किया कट्टे जामुन को
आखिर सीता द्वारा लगाया
पार किया अयोध्या के श्रृंगार वन को
पार किया श्रृंगार वन को
अयोध्या के पूरब में होता अँधियारा दिन में जहाँ
कीकारण्य में तैंतीस करोड़
मुनि रहते जहाँ
घनी फैली अच्छी इमली पेड़ के
तने बैठी सीता माई
बहाती अश्रुधारा बोली सीता माई
मार दो मुझे लक्ष्मण
मार दो मुझे लक्ष्मण
हाथ मेरे अशक्त मारने तुझे माई
आता नहीं समझ में करूँ क्या
माई मैं क्या करूँ सीता माई
चल चल कर पैरों में फफोले निकल आये
मार दो मुझे लक्ष्मण
चल नहीं सकती मैं और लक्ष्मण

निन्नु संपनु ना चेतुलाडवु तल्लि
नेलतरो ने नेमि सेतु नातल्लि
सीतरो ने नेमि सेतु
ऊपिन्न सेतलकु ऊडवलु दिगिनाइ
नन्न संपरा लच्चवण्णा नीविंग
संपिपोरा लच्चुवण्णा
निन्नु संपनु ना चेतुलु आडवु तल्लि
नेलतरो ने नेमि सेतु ना तल्लि
सीतरो ने नेमि सेतु
नन्नु संपक नीवु अइवध्यकु पोतेनु
नीवेंट नेनोत्तुनन्ना मी किद्धरिकि
अतिपोरुले पेडदु नन्ना अन्नदम्मुलकु
सिगपोरुले पेडदुनन्ना
अग्गै मंडेने लक्ष्मण पेरुमाल्लु
सूर्य बाणमु तोडिगिनाडु लक्ष्मणा
काल्लकु खंडिंचि नाडु
काल्लक खंडिंचिते नातल्लि सीतम्मकु
काल्ल कडियालै मोलिस अडविलो
काल्ल गज्जलै मोलिसा
ई सारि बाणमु दारि तप्पिंदनि
तिरिगि बाणमु तोडिगिनाडु लक्ष्मण
चंद्र बाणमु तोडिगिनाडु
चंद्र बाणमु तोडिगि लक्ष्मण पेरुमार्लु
नडुमुलाकु खंडिंचिनाडु ना तल्लि
नडुमुलाकु खंडिंचिनाडु
नडुमुलाकु खंडिस्ते ना तल्लि सीतम्मकु
नडुमु डावै[14] निलिचिनादि अडविलो
नडुमु डावै निलिचिनादि
ई सारि बाणमु दारि दप्पिन्दन्टु
तिरिगि बाणमु तोडिगि नाडु
ब्रह्म बाणमु तोडिगिनाडु
ब्रह्म बाणमु तोडिगि लक्ष्मण पेरुमार्लु
मेडलाकुनु खंडिंचिनाडु सीतम्म
मेडलके खंडिंचिनाडु

हाथ मेरे अशक्त मारने तुझे माई
आता नहीं समझ में करूँ क्या माई
मैं क्या करूँ सीता माई
चल चल कर पैरों में फफोले निकल आये
मार दो मुझे लक्ष्मण
मार दो मुझे लक्ष्मण चल नहीं सकती मैं और लक्ष्मण
हाथ मेरे अशक्त मारने तुझे माई
आता नहीं समझ में करूँ क्या माई
मैं क्या करूँ सीता माई
मारे बिना अगर मुझे चले जाओगे अयोध्या
आऊँगी मैं साथ तेरे वहीं दोनों में
बहुत झगड़ा कराऊँगी दोनों भाइयों में
बहुत झगड़ा कराऊँगी भाइयों में
जला आग बनकर लक्ष्मण
निकाला सूर्य बाण लक्ष्मण ने
काट दिया पैरों को
काटने से सीता माई के पैरों को
बने पैरों के कड़े जंगल में
बने घुंघरू पैरों में
सोचकर गया चूक अब की बार बाण
निकाला फिर दूसरा बाण लक्ष्मण ने
निकाला चंद्र बाण लक्ष्मण ने
निकालकर चंद्र बाण लक्ष्मण ने
तोड़ा सीता माई की कमर को
तोड़ा कमर को
मारने से सीता माई की कमर पर
बना कमर कस बंद जंगल में
बना कमर कस बंद जंगल में
सोचकर गया चूक अब की बार बाण
निकाला फिर दूसरा बाण लक्ष्मण ने
निकाला ब्रह्म बाण लक्ष्मण ने
निकालकर ब्रह्म बाण लक्ष्मण ने
काटा सीता माई का गला
काटा गला

मेडलकु खंडिस्ते नातल्लि सीतम्मकु	गला सीता माई का काटने से
मेड हारमै निलिचा अडविलो	बना हार गले का जंगल में
मेड हारमै निलिचा	बना हार गले का जंगल में
कारुंड पडवेन्दु ना चेति बाणमुलकु	मेरे हाथों के बाणों से जंगल में
कट्टु पडितिवि सुम्मी सीतम्म	हो गयी शिकार तुम सीता माई
कट्टु पडितिवि सुम्मी नीवु	हो गयी शिकार तुम सीता माई
नन्नु संपक नीवु अइबध्यकु पोतेनु	मारे बिना मुझे अगर चले जाओगे अयोध्या
नीयेंट ने नोत्तु नन्ना	आऊँगी मैं साथ तेरे वहाँ दोनों में
मी अन्न दम्मुलकु सिक पोरुले पेडदुनन्ना	बहुत झगड़ा कराऊँगी दोनों भाइयों में
अलनाडु मनमंता अडवुलकु पोइनपुडु	उस समय हम सब जंगल जाने पर
नीवल्ला नेर मेमम्मा सीतम्म	क्या कसूर था तुम्हारा सीता माई
नीवल्ल नेर मेमम्मा	क्या कसूर था तुम्हारा सीता माई
नीयन्न पोगाने नीवेल्लि पोतिवि	तुम भी गये जाने पर तुम्हारा भाई
मानि साटिन उंडा ना तंड्रि	था वह पेड़ के आड़ में हे भाई
मानि साटिन उंडि माय रावणुगाडु	माया रावण ने पेड़ के आड़ में रहकर
श्री राम गुरु धर्म कोदंड भिक्षन ना तंड्रि	कहा श्रीराम गुरु धर्म को दंड भिक्षा
श्री राम गुरु धर्म कोदंड भिक्षन्ते	कहने से श्रीराम गुरु धर्म को दंड भिक्षा
भिक्ष में लेवंटि ना तंड्रि	कहा मैंने नहीं भिक्षा
भिक्ष में लेवंटे मोक्ष में लेदनेनुना तंड्रि	नहीं भिक्षा नहीं मोक्ष कहा हे भाई
पत्रेल्ल सिटील्लो[16] पंड्लु बेट्टुकोनि	पत्तों में फल भरकर
मूल द्वारानिकोस्ति ना तंड्रि	मूल द्वार के पास आयी हे भाई
मूल द्वारमु वच्चि मुग्गु पेट्टनुपोते	मूल द्वार से झुककर भिक्षा देने लगी तो
मुट्टेदे लेदनेनु ना तंड्रि	कहा नहीं लूँगा हे भाई
तलवाकटि[17] काडोच्चि तग्गि बेट्टनु पोते	सदर दरवाजे से झाँककर भिक्षा देने लगी
तगिलेदे लेदनेनु ना तंड्रि	तो कहा नहीं छूऊँगा हे भाई
वेरंगि नेलदाटि वेगटि कोल्ल कोस्ते	आँगन में आकर भिक्षा देने लगी तो
गाज शूल मेसे नातंड्रि	गाजा शूल डाला हे भाई
गाज शूल मेसि गड्डा बेल्लगिंचि	गाजा शूल से ढेला उखाड़कर हे भाई
नन्नु संपक नीवु अइवध्यकु पोतेनु	मारे बिना मुझे अगर चले जाओगे अयोध्या
नीवेंट ने नोत्तुनन्ना	आऊँगी मैं साथ तेरे वहाँ दोनों में
मीविद्धरिकि अति पोरुले पेडदुनन्ना	बहुत झगड़ा कराऊँगी दोनों में
अति पोरुले पेडदुनन्ना ने निंका	बहुत झगड़ा कराऊँगी दोनों में
सिग पोरुले पेडदुनन्ना	बहुत झगड़ा कराऊँगी दोनों भाइयों में
अग्गै मंडेने लक्ष्मणा पेरुमार्लु	जला आग बनकर लक्ष्मण

अग्गि बाणमु तोडिगि नाडु लक्ष्मणा	निकाला आग का बाण लक्ष्मण
राम बाणमु तोडिगि नाडु	निकाला राम बाण लक्ष्मण
याप कायन्टोड्डु बाणाल कुशराजु	नीम का कच्चा फल जैसा कुश राजा
गर्भल चाटुन गेरू गेरूनतिरूग सागा कुशराजु	खखारता घूमने लगा पेट के अंदर कुश राजा
वोक्क बारि गाइ चिन्नय्य	बचाओ चाचा बस एक बार
नेनिंग नन्नोक्क बारि गासेनु	कहा लक्ष्मण ने बचाऊँगा मैं तुम्हें एक बार
एत्तिन बाणमु एत्तिनट्ले पेट्टि[19]	चढ़ाये बाण चढ़ा ही छोड़कर
कस्तूरी मेघ मडवेसा लक्ष्मणा	मारा लक्ष्मण ने कस्तूरी मृग को
कनुगुड्ल रगतालु तीसा	निकाली खून से लथी पुतलियों को
कनुगुड्ल रगतालु दोन्नेल्लो पेट्टु कोनि	रखकर दोनों में खून से लथी पुतलियों को
सीतम्म मुस्तीवुलु[20] दोन्नेल्लो पेट्टुकोनि	रखकर दोनों में सीता माई की चीजों को
तिरुगु बाटलु पट्टिनाडु लक्ष्मणा	लौटने लगा वापस लक्ष्मण
अइवध्य बाट पट्टानु	अयोध्या रास्ता नापने लगा लक्ष्मण
अइवध्यकु तूर्पुन पगटि चीकटि कोन	अयोध्या के पूरब में होता अँधियारा दिन में जहाँ
परदाच्चि मेन मुप्पै मूड्डु कोट्लु मुनुलुन्न स्थलमुन	कीकारण्य में तैंतीस करोड़ मुनियाँ रहते जहाँ
कुदुरु चक्कनि मंचि गुन्न चिंतलि क्रिंद	घनी फैली अच्छी इमली पेड़ के तने
कूर्चुंडा सीतम्म तल्लि	बैठ गयी सीता माई
वक्कड कूर्चुंडा सीतम्म तल्लि	वहाँ बैठ गयी सीता माई
लक्षलकु तीरिन्न पच्च बंडल मीद	लाखों से भरे चौपाल पर
राजानुराजुलु रामुलुनु गूर्चोनि	राजा सामंतों के साथ राम बैठकर
पट्टि पंदेमाडु तुंड्रि इक्कड	खेल रहा था दाँव शतरंज के
पगिडि पंदामाडु तुंड्रि	खेल रहा था वहाँ दाँव सोने के
करकर मनियेटि[21] एर्रंग पोद्दु पोडिसालकु	भुरभुरी सी प्रभाती होने समय तक
कनिगुड्ल रगतालु अन्न एदुट तेच्चि पेट्टा लक्ष्मण	रख दिया लक्ष्मण ने भाई के सामने खून से लथी पुतलियों को
अन्न एदुट तेच्चि पेट्टा	भाई के सामने रख दिया
कनुगुड्ल रगतालु कन्नुलारा चूसि	देखकर आँख भर खून से लथी पुतलियों को
गोड्डु गोडुन दुःख सागे श्रीराम	रोने लगा श्रीराम फूट फूटकर
गोट नीरुलु चिम्म सागे	बहाने लगा अश्रु धारा
नापापनि कन्नारा लच्चवण्णा नी पाप मधिकमायन	मेरे पाप से ज्यादा तेरा पाप हो गया लक्ष्मण
संपि रम्मन्न सीतनु लच्चुवण्णा	मारने को कहा सीता को लक्ष्मण
बासियाल राक पोतिवि	बचाकर क्यों नहीं आये लक्ष्मण
नापापानि कन्नारा लच्चुवण्णा	मेरे पाप से ज्यादा लक्ष्मण
नी पापमधिक मायान	तेरा पाप हो गया अधिक

अरटि बोदलांटि तोडलु लच्चुवण्णा
अडवि पालु एट्ला चेस्तिवि
ना पापानि कन्नारा लच्चुवण्णा
नी पाप मधिक मायन
संपि रम्मन्न सीतनु लच्चुवण्णा
बासियाल राक पोतिवि
ना पापानि कन्नरा लच्चुवण्णा
नी पाप मधिग मायन
चेरकु तुंट लंटि चेतुलु लच्चवण्णा
चेट्लु पालु एट्ला चेस्तिवि
ना पापनि कन्नरा लच्चुवण्णा
नी पाप मधिग मायेन
संपि रम्मन्न सीतनु
बासियाल राक पोतिवि
पेसर कायवंटि पेदवुले लच्चुवण्णा
सेदल पालु एट्ला चेस्तिवि
ना पापनिकन्नारा लच्चुवण्णा
नी पाप मधिगमायेन
संपि रम्मन्न सीतनु लच्चुवण्णा
बासियाल राक पोतिवि
संपुते माना तम्मुडा लक्ष्मणा
या बाणान गूल नोइ नीवदिन
या बाणान गूल नोई
सूर्य बाणमु दप्पा चंद्र बाणमु दप्पा
नारायनु ननुयेटि नरसिंह बाणमु
मूडु बाणालु दप्पा
राम बाणानिकि बान गोर्रेनु चेस्ति नन्ना वदिननु
बान गोर्रेनु चेस्तिनन्ना
संपुते माना तम्मुड लक्ष्मणा
कुलता मी वदिन एमन्टा कूलनन्ना
अडविलो एमंट कूलनन्ना
कोटि वेइ जन्मलु एत्ति पुट्टिन गानि
गोइंदुल[22] भार्यननि कूल ओ अन्न
गोइंदुल भार्यननि गूल ओ अन्न

केले के तने जैसी जाँघें लक्ष्मण
मिला दिया जंगल में कैसे
मेरे पाप से ज्यादा लक्ष्मण
तेरा पाप हो गया अधिक
मारने को कहा सीता को लक्ष्मण
बचाकर क्यों नहीं आये
मेरे पाप से ज्यादा
तेरा पाप अधिक हो गया लक्ष्मण
ईख के टुकड़े जैसे हाथ लक्ष्मण
छोड़कर जंगल में कैसे आये लक्ष्मण
मेरे पास से अधिक लक्ष्मण
तेरा पाप हो गया लक्ष्मण
मारने को कहा सीता को
बचाकर क्यों नहीं आये लक्ष्मण
मूँग के कच्चे फल जैसे ओंठ लक्ष्मण
दीमकों को कैसे छोड़ आये
मेरे पाप से अधिक लक्ष्मण
तेरा पाप हो गया लक्ष्मण
मारने को कहा सीता को
बचाकर क्यों नहीं आये
ठीक है मारा अगर हे भाई लक्ष्मण
गिर पड़ी किस बाण से तेरी भावज बताओ रे,
गिर पड़ी किस बाण से बताओ रे
सूर्य बाण गया बेकार चंद्र बाण गया बेकार
नारायणी नरसिंह बाण भी गया बेकार
तीनों बाण गये बेकार
राम बाण को भावज शिकार हो गयी हे भाई
हो गयी शिकार बाण का हे भाई
ठीक है मारा अगर हे भाई
क्या कहती गिर पड़ी तेरी भावज
जंगल में क्या कहती गिर पड़ी तेरी भावज
शत करोड़ जन्म होने पर भी
गोविंद की ही भार्या कहती गिर पड़ी हे भाई
गोविंद की ही भार्या कहती गिर पड़ी हे भाई

लक्ष वेइ जन्मलु एत्ति पुट्टिन गानि	हजार लाख जन्म होने पर भी
लक्ष्मणा वदिननि गूला ओ अन्ना	लक्ष्मण की ही भावज कहती गिर पड़ी हे भाई
लक्ष्मणा वदिननि गूल	लक्ष्मण की ही भावज कहती गिर पड़ी हे भाई
एन्नेन्नि जन्ममुलु एत्ति पुट्टिन गानि	कितने भी जन्म होने पर भी
रामुलुकु भार्यननि गूल ओ अन्ना	राम की ही भार्या कहती गिर पडी हे भाई
रामुलुकु भार्यननि गूल	राम की ही भार्या कहती गिर पडी हे भाई
संपुते माना तम्मुड	ठीक है मारा अगर हे भाई
बोन्देन्न चूपुदुवु पारा लक्ष्मणा	देह दिखाने आओ रे लक्ष्मण
नेनिंक ब्रतिक्रिंचि तेच्चु कुंडेनु	मैं ले आऊँगा उसे जिलाकर
सीतम्म कंडलु तवुलु तिंटायनि	सीता माई की मांस गीधड खायेंगे समझकर
कट्ट कंप एरि काल बेट्टि वस्तिनन्ना	जलावन इकट्टा करके आया जलाकर हे भाई
अडविलो काल पेट्टि वस्तिनन्ना	जंगल में जलाकर आया हे भाई
काल्वोस्ते माना तम्मुड लक्ष्मणा	हे भाई लक्ष्मण ठीक है जलाया अगर
बूडिदन्ना चूपुदुवु पारा	राख तो दिखाने आओ रे
नेनिंक ब्रतिकिंचि तेच्चु कुन्डेनु	मैं ले आऊँगा उसे जिलाकर
विनवोई लक्ष्मणा विनकुल भूपाल	इक्ष्वाकु भूपाल सुनो भाई लक्ष्मण
सौमित्री कुमहार सोधकुल लक्ष्मणा	सुमित्रा सुत हे पटु लक्ष्मण
इंक एवरु गानेरु सीत जाड इंक	अब कौन बतायेगा सीता की खबर कौन
एवरु तेल्पेरु	जानेगा सीता को
ब्राम्मलनु[23] पिलनंपु वेदमुलु चदिविंचु	बुलाओ ब्राह्मणों को पढ़ाओ वेदों को
सीत उन्न स्थलमु गनि ओरन्ना	देखकर सीता रहने का स्थान हे भाई
सीत उन्न स्थलमु गनिरे	देखकर सीता रहने का स्थल
अलविगान्नि वान्नि आन्जनेय बंट्नु	बुलाकर अतुलित बलशाली सेवक हनुमान को
रामुवाडकु पंपुताडु	भेजा राम ने ब्राह्मणों के पास
रामुलु रामु वाडकु पंपुताडु	भेजा राम ने ब्राह्मणों के पास
हनुमंतुनि कन्न मुंदु	हनुमान से पहले
लक्ष्मण पेरमार्लु ब्राह्मण वाडकु पोइनाडु	गया लक्ष्मण ब्राह्मण मुहल्ला
लक्ष्मण ब्राह्मण वाडकु पोइनाडु	गया लक्ष्मण ब्राह्मण मुहल्ला
विनवोइ ओइ एल्लमबोट्लु ओइ पुल्लम बोट्लु	सुनो रे एल्लम बोट्लु रे पुल्लम बोट्लु
हनुमंतुडोस्ताडु मिम्मल्नि पिलुस्ताडु	आयेगा हनुमान बुलायेगा तुम्हें
रामु बहु हेच्चुवाडु रामु बहु दोड्डवाडु	राम बहुत घमंडी राम बहुत स्वार्थी
पनुलु वद्दनि पल्कारि मीरिंगा	कहिए उनकी नौकरी नहीं चाहिए
पनुलु बद्दनि पलकारि	उनकी नौकरी नहीं चाहिए
अंत मात्रमु चेप्पि अन्न एदुरु वचिनाडु लक्ष्मण	कहकर इतना भाई के सामन आया लक्ष्मण

अन्न एदुरुगा वच्चिनाडु	भाई के सामने आया लक्ष्मण
अलविकानिवाडु आन्जनेय बंटु	अतुलित बलशाली सेवक हनुमान
ब्राह्मण वाडकु पोइनाडु	गया ब्राह्मण मुहल्ला
हनुमंतुडु ब्राह्मण वाडकु पोइनाडु	हनुमान गया ब्राह्मण मुहल्ला
ओरि एल्लम बोट्लु ओरि पुल्लम बोट्लु	रे एल्लम बोट्लु रे पुल्लम बोट्लु
रामु पिलुस्ताडु रंडय्य मिम्मलनु	बुलाया राम ने तुम्हें आओ रे
रामु पिलुस्ताडु रांडय्य	बुलाया राम ने तुम्हें आओ रे
रामु बहु हेच्चु वाडु रामु बहु दोड्डु वाडु	राम बहुत घमंडी राम बहुत स्वार्थी
पनुलु वद्दनि पलिकिरि ब्राह्मलु	कहा ब्राह्मणों ने नौकरी राम की नहीं चाहिए
पनुलु वद्दनि पलकिरि	नौकरी नहीं चाहिए
अलविकानिवाडु आंजनेय बन्टु	अतुलित बलशाली सेवक हनुमान
तिरुगु बाटलु पट्टिनाडु	लौटने लगा वापस
हनुमंतुडु रामु बाटलु पट्टिनाडु	हनुमान पहुँचा राम के पास
विनवय्य ओ अइवध्य रामुलु	सुनो जी हे कोशलाधीश राम
सीतम्म पोताने ब्राह्मलु	जाते ही सीता के ब्राह्मणों ने
मनकिंक माट इनक पोइरय्या ओ राम	नहीं सुनी हे राम हमारी बात
मनकिंक माट इनक पोइरय्य	नहीं सुनी हे राम हमारी बात
रामु बहु हेच्चु वाडु रामु बहु दोड्डवाडु	राम बहुत घमंडी राम बहुत स्वार्थी
पनुलु वद्दनि पलकीरि ब्राह्मलु	कहा ब्राह्मणों ने नौकरी नहीं चाहिए
पनुलु वद्दनि पलकीरि	कहा नौकरी नहीं चाहिए
अग्गै मंडेने लक्ष्मण पेरुमार्लु	जला आग बनकर लक्ष्मण
हारी बाटलु पट्टिनाडु लक्ष्मण	रास्ता नापने लगा लक्ष्मण
ब्राह्मण वाडकु पोइनाडु	गया ब्राह्मण मुहल्ला
विनंडय्या ओ ब्राह्मणोत्तमुलारा	सुनो जी हे ब्राह्मणोत्तम
वेंडि पुस्काल[24] कट्ट वेल्लगने चदवंडि	जाते ही पढ़िए चाँदी का पुस्तक-पुलिंदा
पसिडि पुस्काल कट्ट वेल्लगनेचदवंडि	जाते ही पढ़िए सोने का पुस्तक-पुलिंदा
एडेडु कारणालु एल्लगाने चदवंडि	जाते ही बनाइए सात सात बहाने
सीत युन्न स्थलमुगनिरि मीरिंक	जान लो सीता रहने का स्थान
सीत लेदनि पलकारि	बताइए नहीं है सीता
सीत उन्नदनि चेप्पिनट्लइते मिम्मुल्लु	बतायेंगे अगर सीता है तो तुम्हें
वेगेतु मीमान्यालु वेगेतु	रद्द कराऊँगा तुम्हारे जागीर और पीटूँगा
मीजुट्टु पिक्न्तिुनन्ना नेनिंक	बाल खिंचवाऊँगा तेरे
ऊरेटि गट्टिन्तुनन्ना	जुलूस निकालूँगा रे
अंतमात्रमु चेप्पि लक्ष्मणा पेरुमार्लु	कहकर इतना लक्ष्मण

अन्न एदुरु जोच्चिनाडु लक्ष्मणा	भाई के सामने आया लक्ष्मण
अन्न एदुरु जोच्चिनाडु	भाई के सामने आया लक्ष्मण
वेंडि पुस्काल कट्ट चेतने पट्टिरि	पकड़े हाथ में चाँदी का पुस्तक-पुलिंदा
पसिडि पुस्काल कट्ट संकल्लो पेट्टिरि	रखे काँख में सोने का पुस्तक-पुलिंदा
राम वाडल कोच्चिनारु ब्राह्मलु	राम का मुहल्ला आये ब्राह्मण
राम वाडल कोच्चिनारु	राम का मुहल्ला आये ब्राह्मण
विनवय्या ओ अइवध्य रामुलु	सुनोजी हे कोशलाधीश राम
पंचांग चेपोच्चिनामु मेमिंक	पंचांग बाँचने आये हम
भागवतमु चेप्पोच्चिनामु	भागवत बाँचने आये हम
वेंडि पुस्काल कट्ट वेल्लगने चदिविरि	जाते ही पढ़ा चाँदी का पुस्तक पुलिंदा
पसिडि पुस्काल कट्ट बागुगने चदिविरि	पढा अच्छा सोने का पुस्तक पुलिंदा
एडेडु कारणालु वेल्लगने सदिविरि	गिना जाते ही सात सात बहाने
सीता उन्न स्थलमु गनिरि ब्राह्मलु	जान लिया सीता रहने का स्थान ब्राह्मण ने
सीत लेदनि पल्कीरि	कहा सीता नहीं है
गोड चाटुकु पोइ पै वाज्यंतमु	दीवार के पीछे जाकर शरीर भर
नर वेंटुकलेकुंड	काले बालों को सफेदी रंग कर
आ रूपमु इड्सिनाडु लक्ष्मण	बदला अपना वेश लक्ष्मण ने
ब्राह्मण वेशमु वेसिनाडु	लगाया ब्राह्मण वेश लक्ष्मण ने
वेंडि पुस्काल कट्ट चेतने बट्टेनु	लिया हाथ में चाँदी का पुस्तक-पुलिंदा
पसिडि पुस्काल कट्ट संकल्लो पेट्टेनु	लिया हाथ में सोने का पुस्तक-पुलिंदा
रामु एदुरु जोच्चिनाडु	आया राम के सामने ब्राह्मण
रामु एदुरु जोच्चिनाडु	आया राम के सामने ब्राह्मण
या देश परुडवो या राजु बिड्डवो	कौन देशवासी हो किस राजा के बेटे हो
एक्कड़ोस्तिवय्या नीवु ब्राह्मण	ब्राह्मण तुम कहाँ से आये हो
एक्कडोस्तिवय्या नीवु	तुम कहाँ से आये हो
सूर्यवंशीय राजुलाकु मेमु	सूर्य वंश के राम को हम
पंचांगमु चेप्पोच्चिनामु	पंचांग बाँचने आये हम
मेमिंक भागवतमु चेप्पोच्चिनामु	भागवत बाँचने आये हम
इंतकन्ना नाकु मंचि ब्राह्मणडिंक	इससे बढ़कर अच्छा कोई मिलेगा नहीं ब्राह्मण
चिक्कडने चिक्कडनि पंचांगमु चेप्पमन्नाडु	मिलेगा नहीं सोचकर कहा पंचांग बाँचने को
रामुलु ब्रागवतमु चेप्पमन्नाडु	कहा राम ने पंचांग बाँचने को
वेंडि पुस्काल कट्ट वेल्लगने चदिवेनु	पढ़ा जाते ही चाँदी का पुस्तक-पुलिंदा
पसिडि पुस्काल कट्ट बागुगने चदिवेनु	पढ़ा जाते ही सोने का पुस्तक-पुलिंदा
एडेडु कारणालु एल्लगने सदिवेनु	गिना जाते ही सात सात बहाने

सीत उन्न स्थलमु गनने ब्राह्मणुडु
सीत लेदनि पल्कानु
मुंड रात नीकु लेदुरा श्रीराम
मुत्तइदु रालु उन्नादि श्री राम
मुत्तइदु रालु उन्नादि
सीतकुनु पति सीत बंगारु कनक सीतनु चेसि
वीथिलो निलपेट्टि मूर्छकाल्लु पोसि
पेंड्लि चेसुकोमनि पल्का ब्राह्मणुडु
पेंड्लि चेसुकोमनि पल्का
नी पेंड्लि तोडुकने बीदलइ पेंड्लिंड्ल्लु
लक्षवेइ पेंड्लिंड्लु दानमुलु
चेइंच मनेनु ब्राह्मणुडु
दानमुलु चेइंच मनेनु
सीता मुस्तीवुलु ब्राह्मलकुगीन
दानालु जेस्तेनु सीतन्नु चंपिन
शिशु हत्य कलसि पोननेनु ब्राह्मडु
शिशु हत्य कलसि पोननेनु
इंतकन्ना नाकु मंचि ब्राह्मडु
चिक्कडे चिक्कडनि सीता मुस्तीवुलु ब्राह्मलकु
रामुलु दानमुलु चेसिनाडु
रामुलु सीतनु चंपिन्न शिशुहत्या
समसि पोननेनु रामुलु शिशु हत्या कलसि पोननेनु
सीता मुस्तीवुलु तीसुकोनि ब्राह्मडु
सीत मालकोच्चिनाडु ब्राह्मडु
सीत मालुलो दासि पेट्टे
सीत मुस्तीवुलु सीत मालुलो दाचि
गोड चाटुकु पोइ पै वाज्यन्तमु
तेल्ल वेंटुकलेकुंड
आ रूपमु इडिसिनाडु ब्राह्मडु
लक्ष्मणुडै निल्चि नाडु
विनवोई लक्ष्मण विनकुल भूपाल
सौमित्री कुमहार सोधकुल लक्ष्मण
यादेश परुडो या राजु बिड्डुडो
एंत बागुग चेप्पा तम्मुडा

जान लिया सीता रहने का स्थान ब्राह्मण ने
कहा नहीं है सीता
विधुर-जीवन नहीं तुम्हें श्रीराम
सुहागिन है श्रीराम
सुहागिन है श्रीराम
सीता के स्थान पर कनक सीता को बनाकर
खड़ा करके गली में डालकर प्राण
कहा ब्राह्मण ने विवाह करने को
कहा ब्राह्मण ने विवाह करने को
तेरे विवाह के साथ गरीबों के विवाह
हजार लाख विवाहों का दान
करने को कहा ब्राह्मण ने
कहा दान करने को
अगर सीता की चीजें ब्राह्मणों को
दान करोगे तो सीता को मारने का
कहा ब्राह्मणों ने शिशु-हत्या पाप दूर होगा
शिशु-हत्या पाप दूर होगा
इससे बढ़कर कोई उत्तम ब्राह्मण
मिलेगा नहीं समझकर सीता की चीजें ब्राह्मण को
किये दान राम ने
समझा राम ने मारने का पाप सीता को
समझा राम ने शिशु-हत्या पाप टल गया
सीता की चीजें लेकर ब्राह्मण
पहुँचा सीता महल ब्राह्मण
छिपा दिया उन्हें सीता महल में
सीता की चीजें महल में छिपाकर
दीवार के पीछे जाकर शरीर पर
सफेद बालों को काला रंगकर
बदला अपना वेश ब्राह्मण ने
रहा बन कर लक्ष्मण
इक्ष्वाकु भूपाल सुनो भाई लक्ष्मण
सुमित्रा सुत हे पटु लक्ष्मण
कौन देशवासी किस राजा का बेटा
कितना अच्छा बताया रे भाई

पंचांगमु एंत विनयमुगा चेप्पा तम्मुडा	पंचांग कितना अच्छा बताया रे भाई
या देश परुडन्ना या राजु बिड्डुडो	कौन देशवासी किस राजा का बेटा हे भाई
एंत बागुग जेप्पिनाडु पंचांगमु	पंचांग कितना अच्छा बताया
एंत विनयमु चेप्पिनाडु	कितना अच्छा बताया
वेंडि पुस्काल कट्ट एल्लगाने सदिवेनु	पढ़ा जाते ही चाँदी का पुस्तक-पुलिंदा
पसिडिपुस्कालकट्ट बागुगने सदिवेनु	पढ़ा अच्छा सोने का पुस्तक-पुलिंदा
एडेडु कारणालु एल्लगने सदिवेनु	गिना जाते ही सात सात बहाने
सीत उन्न स्थलमु गनेनु ब्राह्मडु	जान लिया सीता रहने का स्थान ब्राह्मण ने
सीत लेदनि पल्कानु	कहा नहीं है सीता
मुंडरात नीकु लेदुरा श्री राम	विधुर का जीवन नहीं तुम्हें राम
मुत्तइदु रालु उन्नादि श्री राम	सुहागिन है श्रीराम
सीतकुनु पति सीत बंगारु कनक सीतनु	सीता के स्थान पर कनक सीता बनाकर
जेसि वीथिलो निलबेट्टि मूर्छ काललु पोसि	खड़ा करके गली में प्राण उसमें डालकर
पेंड्लि चेसुकोमानि पल्का ब्राह्मडु	कहा ब्राह्मण ने उससे विवाह करने को
पेंड्लि चेसुकोमनि पल्का	कहा उससे विवाह करने को
नी पेंड्लि तोडुता बीदलई पेंड्लिंड्लु	तेरे विवाह के साथ गरीबों के विवाह
लक्ष वेइ पेंड्लिंड्लु दानमुलु	हजार लाख विवाहों का दान
चेइंच मनेनु लक्ष्मण	कराने को कहा ब्राह्मण ने लक्ष्मण
सीता मुस्तीवुलु ब्राह्मलकु नेनु	अगर मैं सीता की चीजें ब्राह्मणों को दान
दानालु जेस्तेनु सीतन्नु चंपिना	करने से लक्ष्मण
शिशु हत्य कलसि पोननेनु लक्ष्मण	शिशु-हत्या पाप टल जायेगा
शिशु हत्य कलसि पोननेनु	शिशु-हत्या पाप टल जायेगा
इंतकन्न नाकु मंचि ब्राह्मडिंक	इससे बढ़कर कोई मुझे उत्तम ब्राह्मण
चिक्कडने चिक्कडनि सीता मुस्तीवुलु	मिलेगा नहीं समझकर सीता की चीजें
ब्राह्मलकु तम्मुडा दानमुलुजेसिनानु	रे भाई ब्राह्मणों को दान दिया
लक्ष्मणा सीतन्नु चंपिन्न शिशु हत्य	समझा टल गया पाप हे लक्ष्मण
कलसि पोनंटि लक्ष्मण शिशु हत्य बरचि पोनंटि	समझा शिशु-हत्या पाप टल गया लक्ष्मण
या देश परुडो या राजु बिड्डुडो	कौन देशवासी किस राजा का बेटा
एंत बागुग चेप्पिनाडु ओ अन्ना	कितना अच्छा बताया रे भाई
पंचांगमु एंत विनयमुग चेप्पिनाडु	पंचांग कितना अच्छा बताया रे
आलमूरु अंगट्लो अग्गि तेप्पिंचेनु	मँगाकर आग आलमुर दुकान से
कोडुमूरु अंगट्लो कोलिमि तेप्पिंचेनु	मँगाकर भट्ठी कोडुमूर दुकान से
मुंचि मूडु दोसिल्लु कोलिमि लोने पोसि	तीन मुट्ठी भर भट्ठी में डालकर
सीतकुनु पति सीता बंगारु कनक सीतनु	सीता के स्थान पर कनक सीता को बनाकर

जेसि वीथिलो निलबेट्टि मूर्छ काललु पोसि
नडिपिंचि चूसिनाडु लक्ष्मण
नडिपिंचि चूसिनाडु
तन पेंड्लि तोडुता बीदलै पेंड्लिलंड्लु
लक्षुवेइ पेंड्लिलंड्लु दानमुलु चेइंचुताडु
लक्ष्मण दानमुलु चेइंचुताडु
एह्लु कलन्दुन चाट कह्लु तह्लुबाल
चिन्न बालल
नाल्गु मुद्दु नाल्जिलिगेडि गोरु
मह्लु कट्टेटि सोगसु
कंड्लु पेट्टेटि तीरु
मर्लु सेर्लक मुद्दु
गाजुह्लु वेसेटि संदनालु
पोसेटि तलंब्रालु
चूसेटि नारी मणुलु एंतों इंतै
एंतो इंतै उन्नादि रामुल पेंड्लि
एंतो संबर मैनादि
बद्राचलमेंतो[25] तीरै उन्नादि
अंतिंत अनरादु अंतिंत अनरादु
वंतु पेट्टिन बाघमंतुनिपुरमादि
एंतो विंतै उन्नादि
बद्राचलमेंतो पेरैनदि
रामुल पेंड्लि एंतो संबर मैनदि
अंतिंत अनरादु अंतिंत अनरादु
वंतु पेट्टिन बाधा भगवंतुनि पुरमुलो
एंतो विंतै उन्नदि रामुल पेंड्लि
एंतो संबर मैनदि
पेंड्लि चेसिवाह्लु संपति लाट कडिविह्लो
सीतत्म कडु भारमै उन्नादि
अक्कड़ अति भार मै उन्नादि
गोडु गोडुन दुःख सागे सीतम्म
गोट नीरुलु चिम्म सागे
रंगैन मुत्याल सोरुगु तेगिनट्लु
राल कंड्ल तीर्थमम्मा सीतम्मा

गली में खड़ा करके उसमें प्राण डालकर
देखा लक्ष्मण ने उसे चलाकर
देखा लक्ष्मण ने उसे चलाकर
अपने विवाह के साथ गरीबों के विवाह
कराने लगा दान हजार लाख विवाह लक्ष्मण
लक्ष्मण दान करवाने लगा
विवाह राम का बहुत ही सुंदर
अति सुंदर
विवाह में जुटे लोग मचाये अति
शोर राम का अतिमोहक
आँखें राम की अतिमोहक
शोभित मुद्रा राम की अतिमोहक
नाचने लगी भीड़ अमित तोष से
डालनेवाली अक्षत
देखनेवाली नारियाँ बहुत अनोखा
विवाह राम का बहुत ही अनोखा
बहुत ही चित्ताकर्षक
बद्राचल लग रहा बहुत ही मोहक
कह नहीं सकते कितना कह नहीं सकते इतना
बखान करना संभव नहीं उस
भगवान पुर में बहुत रहा वह अनोखा
बद्राचल लग रहा अति अनोखा
विवाह राम का अति अनोखा
कह नहीं सकते कितना कह नहीं सकते इतना
बखान करना संभव नहीं उस भगवान पुर में
विवाह राम का रहा बहुत ही अनोखा
बहुत ही रहा वह अनोखा
विवाह यहाँ वहाँ जंगल में
कटु तड़पने लगी सीता माई
वहाँ रही अति प्रसव पीड़ा से सीता माई
रोने लगी फूट फूट कर सीता माई
बहाने लगी अश्रु धारा सीता माई
रंगीली मोतियों की टूटी लड़ी सी
गिरने लगे आँसू धारा सी

राल कन्नुल तीर्थमम्मा	बहने लगी सीता की आँखों से अश्रुधारा सी
इंतमट्टुकु नेनु अइवध्यलोउन्टेनु	होती अगर मैं अयोध्या में
कौसल्य,सुमित्रा,कैक चिन्नत्ता मुग्गुरत्तगारु	कौसल्या, सुमित्रा, कैकेयी तीनों सास
जगडु सूसि तंदुरम्मा	करती होंगी झगड़ा राम से
राजाधिराजुलु भार्यलु अंदरु	राजाधिराज की भार्याएँ सब
विपुजोर कुंदु रम्मानकिंका	करती होंगी सहायता मेरी जुटकर
ईपु जोर कुंदुरम्मा	करती होंगी सहायता जुटकर
नन्न गन्न ना तंड्रि ना मरिदि लक्ष्मण	देवर लक्ष्मण मेरा प्रिय भाई
एमिहिंसलु पेड्तिवन्ना अडविलो	जंगल में देते हो कितनी पीड़ा हे भाई देते हो
एमि बाधलु पेड्तवन्न	कितनी पीड़ा हे भाई
सीतम्म शोकमु लक्ष्मणएरुकै	पता चला सीता का शोक लक्ष्मण को
भूदेवतम्मकु गञ्जल कोडवलि चेति किच्चिनाडु	भेजा लक्ष्मण ने दरांती देकर भूदेवी को
माय मंत्रसानिनि पंपा लक्ष्मण	भेजा लक्ष्मण ने माया धाय को
माय मंत्रसानिनि पंपा	भेजा माया धाय को
अडवियंदु नाकु आविताडु चिक्कडु	जंगल में स्त्री तक नहीं मिलती कोई
अतिग संतोषमन्नादि नातल्लि सीत	किया प्रकट संतोष सीता माई ने
संतोष मन्नादि	किया प्रकट संतोष सीता माई ने
उरिमै उरिमेनु मेरुपाइ मेरिसेने	बनकर कड़क कड़का बनकर चमक चमका
पिडुगाइ गुंकि नाडम्म कुशराजु	बनकर बिजली निकला कुश राजा
पिडुगाइ गुंकि नाडम्म	बनकर बिजली निकला कुश राजा
कारुंड पड़वेंदु सीत देवम्म	कीकारण्य में सीता माई
मंत्रसानम्म मूर्छिल्लु चेंदिनारु	धाय दोनों हो गयीं बेहोश
वाल्लिंक मूर्छिल्लु चेंदिनारु	हो गयी दोनों बेहोश
वाल्ल मूर्छिल्लु वाल्लु तेलुपुत लेचि	होश में दोनों आती आती
बाल बोड्डु गोयवे मंत्रसानम्म	बच्चे की नाल काटने को कहा सीता माई ने
बालबोड्डु गायवे	नाल काटो हे धाय
कोय डानिकि कोतु ने ओ देवि	काटने को तो काटूँगी हे देवी
नी सिरसु लो उंडेटि बंगारु चिगुर	तेरे सिर पर शोभित सोने के
माणिक्यमु	मूसढ माणिक माई
बालबोड्डु मीद पेट्टु सीतम्म	रखो बच्चो की नाल पर हे सीता माई
बाल बोड्डु गोस्तननेनु	काटूँगी तब मैं बच्चे की नाल
आर्लु वाल्लु तीरि अइवध्य पट्टणमु	ठीक ठीक होकर सब कुछ अयोध्या नगर
चेरिन नाटिकि रामुलाकु चेप्पिंचि	पहुँचने पर राम से कहकर
नाइँड्लु बंगारु गोडलु कट्टिंतुने	बनवाऊँगी सोने की दीवारों से तेरा घर

देवि बाल बोड्डु कोयवे मंत्रसानि	हे देवि, बच्चे की नाल काटो
बाल बोड्डु गोयवे	बच्चे की नाल काटो
आर्लु वाल्लु तीरि अइवध्य पट्टणमु	ठीक ठीक होकर सब कुछ अयोध्या नगर
चेरिन नाटिकि रामुलाकु चेप्पिंचि	पहुँचने पर राम से कहकर
नाइंड्लु बंगारु गोडलु कट्टिंचिन नाटिकि	बनाओगी सोने की दीवारों से मेरा घर
बाल बोड्डु कोसेने सीतम्म	तभी काटूँगी नाल हे सीता माई
बाल बोड्डु गोसेने	तभी काटूँगी नाल हे सीता माई
आर्लुवाल्लु तीरि अइवध्य पट्टणमु	ठीक ठीक होकर सब कुछ अयोध्या नगर
चेरिन्न नाटिकि रामुलाकु चेप्पिंचि	पहुँचने पर राम से कहकर
नीइंट्लो बंगारु बावुलु चेइंतुने	खुदवाऊँगी सोने के कुएँ तेरा घर
देवि बालबोड्डु गोयवे मंत्र सानम्म	हे धाय, नाल काटो बच्चे की
बाल बोड्डु गोयवे	नाल काटो बच्चे की
एंत चेप्पिन गानि विनलेदंटुने	करने पर भी विनती अस्वीकार करने पर
सीत देवि सिर सिल्लों उंडेटि चिरुव माणिक्यमु	सर पर शोभित मूसढ माणिक को सीता माई
बाल बोड्डु मीद पेट्टा सीतम्म	रखा बच्चे की नाल पर माई ने
बाल बोड्डु गोयमनेनु	कहा बच्चे की नाल काटने को
चिरुव माणिक्यान्नि कन्नुलाराचूसि	देखकर एकटक मूसढ माणिक का
पातेसु लाडुतादि मंत्रसानम्म	करने लगी मजाक धाय
पातेसु लाडुतादि	करने लगी मजाक धाय
एमम्म ओ मंत्रसानम्मा	ओ धाय हे माई
पातेसु लाडुतावे ना तल्लि	मजाक करती क्यों हे माई
बाल बोड्डु गोयवे	काटो बच्चे की नाल हे माई
दोड्डुवारि सोम्मु माकु दक्कदु तल्लि	बड़ों की संपदा नहीं चाहिए हमें माई
नी सोम्मु नीकु पट्टम्मा सीतम्म	यह लो तेरी संपत्ति तुम ही हे सीता माई
मंत्रसानि चेतिलो चिरुवमाणिक्यमु	धाय ने मूसढ माणिक को
सीत देवि चेतुल्लो पेट्टिंदि	रख दिया सीता के हाथों में
बालबोड्डु गोसिनादि मंत्रसानम्म	काटी नाल बच्चे की धाय
मायमै पोइंदि	छिप गयी पल में धाय
कारुंड पडवेंदु मातल्लि सीतम्म	कीकारण्य में हमारी सीता माई
नेत्तुर कंदुलनु वडसि पट्टुकोनि	पकड़कर खून से लथे शिशुओं को
मुनिपल्ले जेरोच्चिनादि सीतम्म	पहुँच गयी मुनियों के गाँव सीता माई
तन पल्ले जेरोच्चिनादि	पहुँच गयी अपने गाँव सीता माई
मुनि पल्ले लोने वाल्मीकी गुरुवंचुन	मुनियों के गाँव में गुरु वाल्मीकि के पास
पाराटाकुलु तेच्चि पोत्तिल्लमर जेसि	पत्ते लाकर पोतड़ा बनाकर

पिल्ललनु पंडेसि नादि सीतम्म	सुलाया बच्चों को सीता माई ने
समुद्र स्नानिकि वेल्ला	गयी समुद्र स्नान करने सीता माई
अइपोये दारिलो कोम्म कोम्मन	जानेवाले रास्ते में टहनीटहनी पर
कोतुलु एगुरु कुंटाने उन्नाइ	करते रहे उछलकूद बंदर
कोतुलु एगुरु कुंटाने उन्नाइ	करते रहे उछलकूद बंदर
पिल्लवडने कोति पिल्लवडने कोति	गिर गया बच्चा हे बंदर गिर गया बच्चा हे बंदर
कनुको गल्ला सीतम्म मैनीवु	समझनेवाली माई बनी हे सीता माई
नेत्तर कंदुलनु वेल्लल्लो पुत्तुल्लो	खून से लथे शिशुओं को जलावन में जांगल में
वेसि पोतावम्मा मा पिल्ल माकु बरुवम्म	डाल कर जाती हो हे माई नहीं भार अपने बच्चे हमें
सीतम्म मापिल्ल माकु बरुवम्म	सीता माई नहीं भार अपने बच्चे हमें
कोतुल्ला माटलु विन्नादि ना तल्लि	सुनी बंदरों की बात सीता माई ने
एनक्कि तिरिगोच्चि नेत्तुरा कंदुलनु	लौटकर वापिस खून से लथे शिशुओं को
वडिसि पट्टुकोनि बंगारु बिंदे संक पेट्टुकोनि	पकड़कर हाथों से सने घड़े को कांख में रखकर
समुद्र स्नानि केल्ला सीतम्म	गयी समुद्र स्नान करने सीता माई
समुद्र स्नानि केल्ला	गयी समुद्र स्नान करने सीता माई
दोड्डुवारि कोडलु एक्कड वस्तुन्नादि	सोचकर बड़ों की बहू कहाँ आ रही है
वलवेटि गंगम्म वेलनील्लु चलनील्लु	गरम पानी ठंडा पानी गंगा माई
एकमुनु जेसिनादि गंगम्म	मिला दिया दोनों को गंगा माई ने
वेलनील्लु चलनील्लु एकमुनु जेसिनादि	मिला दिया गरम व ठंडा पानी गंगा माई ने
वेलनील्लु चलनील्लु बालुनिकि पोसिंदि	नहाया गरम व ठंडा पानी से बच्चों को माई ने
गड्डु मीद पंडबेट्टा सीतम्म	सुला दिया उन्हें किनारे पर
पालगुंडमु जोच्चिनादि	जा गिर पड़ी दूध के गड्ढे में
पतिव्रता ना तल्लि पालेटि गंगम्म	पतिव्रता माई दूध की गंगा माई ने
पट्टि गड्डन पेट्टिनादि सीतम्मनु	किया किनारा सीता माई को
पट्टि गड्डन बेट्टिनादि	किया किनारा सीता माई को
नेत्तर कंदुलुनु वडि गट्टुकोनि	गोद में लेकर खून से लथे शिशु को
बंगारु बिंदेलतो नील्लु मुंचु कोनि	भरकर पानी सोने के घड़ों से
मुनि पल्ले बाट पट्टिन्दि ना तल्लि	रास्ता नापने लगी माई मुनियों का गाँव
तन पल्ले जेरोच्चिनादि	पहुँचने लगी अपना गाँव
मुनि पल्ले लोकि चेरोच्चे टालकु	पहुँचने तक मुनियों का गाँव
मंत्राल लवण्णा पुट्टा इक्कड़	यहाँ पैदा हुआ लवराजा
मंत्राल लवण्णा पुट्टा	पैदा हुआ लवराजा
तंड्रिरो ओतंड्रि ओ तंड्रि वाल्मीकी	हे बाप हे बाप हे बाप वाल्मीकि
ना बालनुनेने नेत्तुकोनि पोतिनि	उठाकर ले गयी अपने बच्चे को मैं

ई बालुडु एक्कडनुंचि वच्चा ओ तंड्रि
ई बालुडु एक्कडनुंचि वच्चा ओतंड्रि
पंड बेट्टे टप्पुडु चेप्पिंदि गुरुवालाकु
एत्तुक पोयेटप्पुडु सेप्पिंदि गादय्या
सीतम्म सेप्पिनादि गादय्या
मुनिपल्ले लोकि चेरोच्चे टालकु
वाल्मीकी गुरुवु पोत्तिल्लमरा जूसिनारु
वाल्मीकी पोत्तिल्लो बालुडु लेडय्या
दोड्डवारि कोडलु दूर्षिचितादनि
मूडु पिसिकिल्ल इसुक मंत्रिच्चि सल्लिनाडु
वाल्मीकी मंत्राल लवण्णा पुट्टा
मंत्राल लवण्णा पुट्टेटि वेलकु
मुनिपल्ले चेरोच्चिनादि सीतम्म
तन पल्ले चेरोच्चिनादि
तंड्रिरो ओ तंड्रि ओ तंड्रि वाल्मीकी
ना बालुनि नेने नेत्तुकोनि पोतिनि
ई बालुडु एक्कडनुंचि वच्चा ओ तंड्रि
ई बालुडु एक्कडनुंचि वच्चा
इष्णु[26] ईश्वर सांबमूर्ति[27] नीकु
साक मनिच्चिनारम्मा सीतम्म
साक मनिच्चिनाराम्मा
पेद्दोडु कुशराजु पेट्टेने मंकु पोरुल्लु
चिन्नोडु लवराजु पेट्टेने मंकु पोरुल्लु
इद्दरु बालुलु पोरुल्ल का तल्लि
निलुव लेदु सीतम्म
धरणीन ताल लेदु सीतम्म
तंड्रि रो तंड्रि ओ तंड्रि वाल्मीकी
इदरि बालुल पोरुलाकु नेनु
निलुव लेनु तंड्रि नेनु धरणीन
कारुंड पडवेंदु कोंड चीललु[28] तेच्चि
अल्लिकलु अल्लिंचि ऊयलवड काविंचम्मा
नागुबामु तेच्चि नडि कट्टु कट्टिंचि
उय्यिल कट्टिंचवम्मा सीतम्म
उय्यल कट्टिंचवम्मा

हे बाप कहाँ से आया यह बच्चा
कहाँ से आया यह बच्चा
बताया मात्र सुलाते समय गुरु से
ले जाते समय उठाकर बताया नहीं गुरु से
सीता माई ने बताया नहीं गुरु से
पहुँचने तक मुनियों का गाँव
गुरु वाल्मीकि पोतड़ा देखकर खाली
वाल्मीकि पोतड़े में था नहीं बच्चा
समझकर बड़ों की बहु शाप देगी
डाला मंत्र से तीन मुट्ठी भर बालु
वाल्मीकी पैदा हुआ लवराजा
पैदा होने तक लवराजा
पहुँचने लगी मुनियों का गाँव सीता माई
पहुँचने लगी अपना गाँव माई
हे बाप हे बाप हे बाप वाल्मीकि
अपने बच्चे को मैं उठाकर ले गयी
कहाँ से आया यह दूसरा बच्चा बाप
कहाँ से आया यह बच्चा हे बाप
तुम्हें विष्णु, ब्रह्म और शिव ने
पालने को दिया हे सीता माई
पालने को दिया माई
रूठने लगा बड़ा कुशराजा
झगड़ने लगा छोटा लवराजा
दोनों बच्चों के झगड़ों से माई
रह नहीं पाती सीता माई
भू पर रह नहीं पाती सीता माई
हे बाप हे बाप हे बाप वाल्मीकि
दोनों बच्चों के झगड़ों से मैं
रह नहीं सकती हे बाप भू पर
कीकारण्य में लाकर जंगली अजगरों को
कशीदा काढ़कर बनाओ झूला हे माई
नाग साँप लाकर बीच में बाँधकर
बनाओ झूला हे सीता माई
बनाओ झूला हे सीता माई

पारुटाकुलु तेच्चि पोत्तलमर जेसि	लाकर पत्ते बनाकर पोतड़े
बालुलनु पंडेइ तल्लि नीविंक	बच्चों को सुलाओ तुम हे माई
जोल पाटलु पाडवम्मा	गाओ लोरियाँ हे माई
कारुंड पडवेंदु गोंड चीललु तेच्चि	कीकारण्य में लाकर जंगली अजगर
अल्लिकलु अल्लिंचि उय्याल अल्लिंचिनादि	कशीदा काढ़कर बनवाया झूला माई ने
सीतम्म उय्याल अल्लिंचिनादि	बनवाया झूला सीता माई ने
नागुबामुलु तेच्चि नटिकट्लु कट्टिंचि	लाकर नाग साँप बाँधकर बीच में
उय्याल कट्टिंचिनादि नातल्लि	बनवाया झूला सीता माई ने
उय्याल कट्टिंचिनादि	बनवाया झूला सीता माई ने
पारुटाकुलु तेच्चि पोत्तिलमर जेसि	लाकर पत्ते बनाकर पोतड़े
बालुल पंडेसि नादि ना तल्लि	सुला दिया बच्चों को माई ने
जोल पाटलु पाडुतादि	गाने लगी लोरियाँ सीता माई
अन्न एडकुरा कुशराजु एडकुरा	लाड़ला रो मत रे कुशराजा रो मत रो
लवराजु एडकुरा	लवराजा रो मत रे
अइवध्य बालुडा मातंड्रि एड़कुरा	अयोध्या कुमार मेरा लाड़ला रो मत रे
लालपूल्लो नुसि पट्टंगि नेननुचु	बनवाकर दूध के मन का मृदु रेशमी कुरता
कोडुका पट्टंगि नेननुचु	बेटा रेशमी कुरता लेकर
नीयव्व भूदेवि वच्चि एडकुरा	नानी तेरी आयी रो मत रे
वच्चि एडकुरा कोडुका तेच्चि एडकुरा	आयी रो मत रे लायी रो मत रे
नीकिच्चि एडकुरा निनु एत्ति मुद्धाडि एडकुरा	देगा तुम्हें रो मत रे उठाकर तुम्हें चूमेगी रो मत रे
अइवध्या बालुडा मातंड्रि एडकुरा	अयोध्या लौंडा मेरा लाड़ला रो मत रे
दिष्टि पूसलुगा नुस सगिष्टंगि नेननुचु	बनवाकर दीठ के मनका मृदु रेशमी कुरता
कोडुका दिष्टंगि नेननुचु	बेटा दीठ का रेशमी कुरता
नी मुसलम्म कौसल्या वच्चि एड़कुरा	लेकर तेरी दादी आयेगी बेटा रो मत रे
वच्चि एडकुरा कोडुक तेच्चि एडकुरा	आयेगी रो मत रे लायेगी रो मत रे तुझे देगी
नीकिच्चि एडकुरा निनु एत्ति मुद्धाडि एडकुरा	रो मत रे तुम्हें चूमेगी रो मत रे
अइवध्या बालुडा मातंड्रि एडकुरा	अयोध्या लौंडा मेरा लाड़ला रो मत रे
अन्न एडकुरा कुशराजु एडकुरा	बेटा रो मत रे कुशराजा रो मत रे
लवराजा एडकुरा	लवराजा रो मत रे
अइवध्य बालुडा मा तंड्रि एडकुरा	अयोध्या लौंडा मेरा लाड़ला रो मत रे
पेट्टु गज्ञालल्लो नुसि पुलिगोरु नेननुचु	बनवाकर छिल के के घुँघुरू बघनख
कोडुका पुलिगोरु नेननुचु	बेटा बनवाकर बघनख
निनु कन्न तंड्रि श्रीरामा वच्चि एडकुरा	आयेगा तेरा पिता श्रीराम बेटा रो मत रे
वच्चि एडकुरा कोडुका तेच्चि एडकुरा	आयेगा रो मत रे बेटा लायेगा रो मत रे

नीकिच्चि एडकुरा निनु एत्ति मुद्धाडु एडकुरा	देगा तुझे रो मत रे उठाकर चूमेगा रो मत रे
अइवध्य बालुडा मा तंड्रि एडकुरा	अयोध्या लौंडा मेरा लाड़ला रो मत रे
वेंडि गिन्नेल्लोना वेन्न पेट्टुकोनि	रखकर माखन चाँदी के प्यालों में
कोडुका वेन्न पेट्टुकोनि	बेटा रखकर माखन
नी पिनतंड्रि लक्ष्मणा वच्चि एडकुरा	आयेगा तेरा चाचा लक्ष्मण बेटा रो मत रे
वच्चि एडकुरा कोडुका तेच्चि एडकुरा	आयेगा रो मत रे बेटा लायेगा रो मत रे
नीकिच्चि एडकुरा निनु एत्ति मुद्धाडु एडकुरा	तुझे देगा रो मत रे तुझे उठाकर चूमेगा रो मत रे
अइवध्य बालुडा मा तंड्रि एडकुरा	अयोध्या का लौंडा मेरा लाड़ला रो मत रे
पगिडि गिन्नेलोना पालु बुव्व पोसुकोनि	डालकर दूध भात सोने के प्यालों में
कोडुका पालु तीसिकोनि	बेटा लेकर दूध-भात
नी पिन तल्लि ऊर्मिल वच्चि एडकुरा	आयेगी तेरी चाची उर्मिला रो मत र
वच्चि एडकुरा कोडुका तेच्चि एडकुरा	आयेगी रो मत रे बेटा लायेगी रो मत रे
नीकिच्चि एडकुरा निनु एत्ति मुद्धाडु एडकुरा	देगी तुझे रो मत रे उठाकर चूमेगी रो मत रे
अइवध्य बालुडा मातंड्रि एडकुरा	अयोध्या लौंडा मेरा लाड़ला रो मत रे
पस्य गुलाल मीद बट्टुलल्लु	हरे हरे रेशमी कपड़े
कोडुका नी कट्टु वल्ल कोडुका	बेटा बनवाकर तेरे नाम का बेटे
नी पिन तंड्रि भतृ[29] शत्रुघ्नुलु वच्चि एडकुरा	आयेंगे तेरे चाचा भरत शत्रुघ्न रो मत रे
वच्चि एडकुरा कोडुका तेच्चि एडकुरा	आयेंगे रो मत रे बेटा लायेंगे रो मत रे
नीकिच्चि एडकुरा निनु एत्ति मुद्दाडु एडकुरा	देंगे तुझे रो मत रे उठाकर चूमेंगे रो मत रे
अइवध्या बालुडा मातंड्रि एडकुरा	अयोध्या लौंडा मेरा लाड़ला रो मत रे
एत्तंग पेंचेंग एडेंड्लु बालुडैनारु	खाते पीते हो गये बच्चे सात साल के
पिलवांड्लु ऊलोल्लु बालु लैनारु	हो गये बच्चे गाँव के
तंड्रिरो ओ तंड्रि ओ तंड्रि वाल्मीकी	हे बाप हे बाप हे बाप वाल्मीकि
राचबाललु वीरू माट बाललु चेस्तिवि	कुमार ये तो क्षत्रिय बने मात्र वाचाल
वाल्मीकी माट बाललु चेस्तिवि	वाल्मीकि बने मात्र वाचाल
अडवुल्लो परिगेत्तिनाडु वाल्मीकी	दौड़ने लगे जंगल में वाल्मीकि
सामु गरडि पट्टिनाडु	पकड़ने लगे व्यायाम तलवार तीर
तातल्लो वल तात वलतात वाल्मीकी	हे दादा, हे दादा, हे दादा वाल्मीकि
वोक्कटि सेपुते रेंडुगा एदुराडतारु	बतायेगा एक तो विरोध करते दो रूप में
बाललु रेंडुगा एदुराडुतारु	बच्चे विरोध करते दो रूप में
तातल्लो वलताता वलताता वाल्मीकी	हे दादा, हे दादा, हे दादा, वाल्मीकि
रेंडु चेप्पिते मूडुगा एदुराडुतारु	बतायेगा दो तो विरोध करते तीन रूप में
वाल्लिंक मूडुगा एदुराडुतारु	वे विरोध करते तीन रूप में
तातरो वलताता वलताता वाल्मीकी	हे दादा, हे दादा, हे दादा, वाल्मीकि

मूडु चेप्पिते आरुगा एदुराडुतारु	बतायेगा तीन तो विरोध करते छह रूप में
वाल्लिंक आरुगा एदुराडुतारु	बच्चे विरोध करते छह रूप में
तातरो वलताता वलताता वाल्मीकी	हे दादा, हे दादा, हे दादा, वाल्मीकि
आरु चेपिते एनिमिदि एदुराडुतारु	बतायेगा छह तो विरोध करते आठ रूप में
बाललु एनिमिदि एदुराडुतारु	बच्चे विरोध करते आठ रूप में
तातरो वलताता वलताता वाल्मीकी	हे दादा, हे दादा, हे दादा, वाल्मीकि
एनिमिदि चेपिते पदिगा एदुराडुतारु	बतायेगा आठ तो विरोध करते दस के रूप में
बाललु पदिगा एदुराडुतारु	बच्चे विरोध करते दस के रूप में
तातरो ओ तात ओ तात वाल्मीकी	हे दादा, हे दादा, हे दादा, वाल्मीकि
तगिन न्यायमु चेप्पितिवि	बताया सही न्याय बतायी दुनियादारी
वगन्यायमु वोकटन्न चेप्पावु	बताइये फिर कोई ऐसी दुनियादारी
मार्किक वगन्यायमु वकटन्न जेप्पावु	बताइये हमें कोई ऐसी दुनियादारी
विनंडय्य ओ बाल राजुल्लारा	सुनो रे बच्चे सुनो रे राजकुमार
तूर्पुकु सीमकु वेल्लंडि बाललु	जाओ रे बच्चे पूरब की सीमा तक
पडमटि सीमकु वेल्लंडि बाललु	जाओ रे बच्चे पश्चिम सीमा तक
दक्षिणमु सीमकु वेल्लंडि बाललु	जाओ रे बच्चे दक्षिण सीमा तक
उत्तरपु सीमकु पोइनट्लइते	अगर जाओगे उत्तर की सीमा तक
पंदराजु[30] लैतारन्न मीरिंक	बनोगे कायर राजा तुम दोनों
पंदराजु लैतारु	बनोगे कायर राजा तुम दोनों
कारु कोडन्न कूयने लेदु	मुर्गे बाँगने के पहले भोर सुबह
कदिरि चुक्कलु पोडवने लेदु	निकले नहीं अभी कदिरि के तारे
पिलवांड्ल कदिरि चुक्कलु पोडवने लेदु	बच्चे निकले नहीं अभी कदिरि के तारे
एराणि बिड्डलो एसिन पिलवांड्लो	बेटे किस रानी के नन्हे बच्चे किसके
भल्लुन तेल्लंग तेल्ल वारटालुकु	सहसा सुबह होने तक
पंड्रेड्रामडा नचिचिनारु बाललु	चले बारह कोस दूर बच्चे
पंड्रेड्रामडा निडिचिनारु	चले बारह कोस दूर बच्चे
तूर्पु सीमकु वेल्लिरे बाललु	गये बच्चे पूरब की सीमा तक
करकर मनियेटि एर्रंग पोद्दु पोडुस्तुंटे	भुरभुरी लालिम सुबह होते देख
अन्ना ओ अन्ना एव्वरो पगवाडु	हे भाई हे भाई समझकर उसे कोई शत्रु
मन मीदिकि युद्दानिकास्ताडनि	आयेगा हम पर युद्ध करने समझकर
एदिरि जट्टु कट्टिनाडु कुश राजु	तैयार हुआ लड़ने कुशराजा
पिच्चिगुद्दुलु गुद्दुताडु	मारने लगा मुक्के पागल सा कुश राजा
ओक्कोक्क गुद्दुकु सूर्य चंद्रादुलु	एक मुक्के में सूर्य-चंद्र
उक्कु पोडि रालुतुन्नादि	गिर रहा बन कर आटा लोहे का

अक्कड कनक पिडुगु संद माया	गिरने लगीं वहाँ सोने की बिजलियाँ
एमन्न ओ बालव राजुल्लारा	क्या है भाई हे बाल राजकुमार
मुंदुकु गालाना मीकु युद्धमु	आगे कभी होगा युद्ध तो
कलुगुनो नन्नु तलवंडी बालाल्लारा	लो मेरा नाम बाल राजकुमार
नेनिंग नाग वैशानिस्तानननेनु	कहा मैं तुम्हें दूँगा नाग बाण रे
पारिपाइन वानितो युद्धमु चेसितेनु	सोचकर भागनेवाले से युद्ध करने से
पंदा राजुलु मैता मन्ना मनमिंक	समझकर कायर राजा बनेंगे हम
पदरा पोतामु तम्मुडनेनु	चलो भाई चले हम
मुंदोस्ते बाललु दाव पिलवांड्लु	आगे बच्चे लौटते रास्ते में
पालपंड्ले देंचिनारु बाललु पनस	क्षीरी फल तोड़ लाये तोड़ लाये
पंड्ले देंचिनारु	कटहल के फल
कारुंड पडवेंदु नातल्लि सीतम्म	कीकारण्य में रहनेवाली माई सीता माई
चाट पट्टवम्मा नीवु सीतम्म	लाओ सूप हे सीता माई
साट पट्टवम्मा नीवु	लाओ सूप हे माई
साट पट्टगाने पंड्लु पोयगाने	दिये उंड़ेल फल सूप लाने पर
कासेपु निद्र पोइनारु बाललु	सो गये बच्चे थोड़ी देर
समपायमु आरगिंचिरि	खा लिया खाना पेट भर
कारु कोडन्न कूयलेदु कदिरि चुक्कलु पोडवलेदु	मुर्गे बाँगने के पहले निकले नहीं कदिरि के तारे
बाललकु कदिरि चुक्कलु पोडवलेदु	बच्चे निकले नहीं अभी कदिरि के तारे
ए रानि बिड्डलो एसिरि बालुलो	बेटे किस रानी के धनी बच्चे किसके
दक्षिणापु सीम पडमटि सीम तिरिगि	दक्षिण सीमा पश्चिम सीमा घूम फिर कर
चूसिन गानि एदुरानि बंटु लेराया	था नहीं कोई लड़नेवाला देखने पर
बाललकु एदराडु बंट्लुलेराया	बच्चों से था नहीं कोई लड़नेवाला देखने पर
तिरिगोच्चे बाललु दारिन पिलवांड्लु	आगे लौटते रास्ते में बच्चे
पाल पंड्ले तेंचिनारु बाललु	क्षीरी फल तोड़ लाये तोड़ लाये
पनस पंड्ले देंचिनारु	कटहल के फल
कारुंड पडवेंदु नातल्लि सीतम्म	कीकारण्य में रहनेवाली माई सीता माई
चाट पट्टवम्मा नीवु सीतम्म	लाओ सूप हे सीता माई
साट पट्टवम्मा नीवु	लाओ सूप हे माई
साट पट्टगाने पंड्लु पोयगाने	दिये उंड़ेल फल सूप लाने पर
समपायमु आरगिंचिरि बाललु	खा लिया खाना पेट भर
कासेपु निद्र पोइनारु	सो गये बच्चे थोड़ी देर
एरानि बिड्डलो एसिरि पिलवांड्लु	बेटे किस रानी के धनी बच्चे किसके
एक्कडकु सीमेल्लिनारु बाललु	निकले बच्चे किस प्रदेश के

उत्तरपु सीमेल्लिनारु	गये उत्तर की सीमा तक
भल्लुन तेल्लंग तेल्लवाराटाल्कु	सहसा सुबह होने तक
पंड्रेड्रामड नडिचिनारु बाललु	चले बारह कोस दूर
पंड्रेड्रामड नडिचिनारु	चले बारह कोस दूर
पंड्रेड्रामड नडिचि चूसिते	बारह कोस दूर चलकर देखने से
कदिरि कोंडलु कानिपिंचा अक्कड	दिखाई पड़े वहाँ कदिरि के पहाड़
कदिरि कोंडलु कानिपिंचा	दिखाई पड़े वहाँ कदिरि के पहाड़
वनिकोंप कूलन्ना वनिकोंप कालन्ना	नाश हो उसका घर नाश हो उसका घर
इदि एंत दूरमुंदन्न पट्टणमु	कितना दूर है भाई यह शहर
इदि एंत दूरमुंदन्न	कितना दूर है भाई यह शहर
मोकाट वोकजल्लि मोचेत वकजल्लि	एक कतार घुटनों तक कोहनी तक एक कतार
काल्ल गंटलु कट्टिरम्मा बालुलु	बाँध लीं घंटियाँ पैरों में बच्चे
इद्दरु आकाश मंदिरि आ बाल राजुलु	आगे बढ़े वे दोनों बच्चे
अग्नि कोंडलु दाटिनारु वाल्लिंक	पार किये आग के पहाड़ बच्चों ने
अग्नि कोंडलु दाटिनारु	पार किये आग के पहाड़ बच्चों ने
अग्नि कोंडलु दाटि चूसिते बाललकु	पार करके आग के पहाड़ देखने पर बच्चों को
अइवध्य कनिपिंचिनादि	दिखाई दिया अयोध्या बच्चों को
अक्कड अइवध्या कनिपिंचिनादि	दिखाई दिया वहाँ अयोध्या बच्चों को
वनिकोंप कूलन्ना वनिकोंप कालन्ना	नाश हो उसका घर नाश हो उसका घर
इदिएंत दूर मुंदन्न पट्नमु	कितना दूर है भाई यह शहर
इदि एंत दूर मुंदन्ना	कितना दूर है भाई यह शहर
नल नल्ल गुन्नाडु नामालु पेट्टिनाडु	काला काला है लगाया है तिलक
वाडेनेमो रामुडन्ना	है वही शायद राम हे भाई
पट्नानिकि वाडे नेमो रामुडन्ना	शहर का है वही शायद राम हे भाई
एंत गोज्ञवाडु एंत रंडवाडु	कितना कायर कितना लज्जाहीन
इंत दंडु एलुतुन्नाडे वीर्डिक	कर रहा यह राज सेना पर इतनी
इंत मट्कु दंडु मन चेतुलुंटेनु	अगर होती सेना हमारे हाथों में इतनी
रवधूलि कट्टिंतुमन्ना मनमिंक	कर देंगे चकनाचूर हम
रवधूलि कट्टिन्तुमन्ना	कर देंगे चकनाचूर हम
सिन्नवाडु इंग मंत्राला लवण्णा	आगे छोटा लव राजा ने
चलकि जगडमु चेस्ताननेनु पट्नमुलो	कहा जंग छेड़ने को शहर में
चलकि जगडमु चेस्ताननेनु	कहा जंग छेड़ने को शहर में
दावन पिलवांड्लु बंगार्लु आडुतुंटे	खेल रहे थे लट्टू बच्चे रास्ते में
आडेटि बंगराल्लि कालदन्निनाडम्मा	मारा भाई पैर से लट्टुओं को रास्ते में

आडेटि बंगराल्लि काल्लदन्निनाडम्मा	मारा भाई पैर से लट्टुओं को
अलनाडु नाकु अभयमिच्चिन ब्राह्मन्नि	उस समय मुझे वर देने वाले ब्राह्मण को
एंटने मदियंदु तलसिनारु वाड्लिंक	याद किया मन में ब्राह्मण को
नाग वैशान्नंदिनारु	किया प्राप्त नाग बाण को
नाग वडिशांड्ल तो रुब्बुडु गुंडुलतो	नाग बाणों से व चट्टु गोलों से
पट्नानि के चेरिनारु वाड्लिंक	पहुँच गये वे शहर
पट्नानिके चेरिनारु	पहुँच गये वे शहर
लक्षलकु तीरिन्नि पच्च बंडलु चूसि	देखा लाखों से भरे चौपालों को
बंगारु माल चूसिनारु	देखा सोने के महलों को
अइवध्य बंगारु माल चूसिनारु	देख लिया अयोध्या के सोन महलों को
एत्तैन मिद्देलु सित्तालु चूसिनारु	बड़ी-बड़ी इमारतों बड़ी-बड़ी शालाओं को
एप्पुडो कूलि पोयम्मा अइवध्य	तोड़-फोड़ किया कभी के अयोध्या को
एप्पुडो कूलि पोयम्मा	तोड़-फोड़ किया कभी के अयोध्या को
गुर्राल्लु पंडेटि कूटव्वलु चूचिरि	देख लिया घोड़ों के अस्तबलों को
एनग शाललु चूसिनारु वाड्लिंक	देख लिया दोनों ने हाथी शालाओं को
एनग शाललु जूचिनारु	देख लिया हाथी शालाओं को
विनवोइ लक्ष्मणा विनकुल भूपाल	इक्ष्वाक भूपाल सुनो भाई लक्ष्मण
सौमित्रि कुमहार सोधकुड लक्ष्मणा	सुमित्रासुत हे पटु लक्ष्मण
अंतनी मायगुंदन्ना लक्ष्मणा	लग रहा सब तेरी माया लक्ष्मण
पट्नमुलो अंता नी मायगुंदन्ना	लग रहा शहर में तेरी माया
दंडुन्न तीसुक दालाइनि तीसुक	लेकर अपनी सेना को अपने सहचरों को
पाताल में पारि पोया श्रीराम	भाग गया पाताल श्रीराम
प्राणालु दक्किंचु कुंडा	बचा लिया अपने प्राणों को
पारिपोइन वानितो युद्दमु चेसिते	भागनेवाले से करने से युद्ध
पंदराजुल मैता मन्ना मनमिंक	बनेंगे कायर राजा हम हे भाई
पदरा पोदामु तम्मुडनेनु	कहा चले अब हम भाई
तिरिगोस्त बाललु दावन पिलवांड्लु	आगे लौटते बच्चे रास्ते में
सीतम्म तेसिन्न श्रृंगार वनमुन	सीता द्वारा लगाया श्रृंगार वन में
पाल पंड्ले तेंचिनारु बाललु	तोड़ लिया बच्चों ने क्षीरी फल
पनस पंड्ले तेंचिनारु	तोड़ लिया बच्चों ने कटहल फल
मोकाट ओ जल्लि मोचेत ओ जल्लि	एक कतार घुटनों में एक कतार कोहनियों में
काल्ल गंटलु कट्टिनारु बाललु	बाँध ली घंटिकाएँ बच्चों ने पैरों में
काल्ल गंटलु कट्टिनारु	बाँध ली घंटिकाएँ बच्चों ने पैरों में
आकाश मंदिनारु	आगे बढ़े वे दोनों बच्चे

अग्नि कोंडलु दाटिनारु पिलवांड्लु	पार किया आग का पहाड़ दोनों ने
अग्नि कोंडलु दाटिनारु	पार किया आग का पहाड़ दोनों ने
कारुंड पडवेदु मातल्लि सीतम्म	कीकारण्य में रहनेवाली माई सीता माई
साट पट्टावम्मा नीवु सीतम्म	लाओ सूप माई तुम सीता माई
साट पट्टावम्मा नीवु	लाओ सूप तुम माई
साट पट्टागाने पंड्लु पोयगाने	दिये उंड़ेल फल सूप लाने पर
पंड्लु गुरुतु पट्टिनादि सीतम्म	पहचान लिया फल सीता माई ने
पंड्लु गुरुत पट्टिनादि	पहचान लिया फल सीता माई ने
विनंडन्ना ओ बाल राजुल्लारा	सुनो रे हे बाल राजा
ई पोद्दु दिनमंदु या सीम केल्लिंटिरन्ना	आज गये कहाँ थे हे भाई
मी रिंक या दिशकु पोइंटिरन्ना	तुम गये किस दिशा हे भाई
वनिकोंप गूलम्मावनि कोंप गालम्मा	नाश हो उसका घर नाश हो उसका घर माई
अदि एंत दूरमुंदम्मा पट्नमु	कितना दूर है वह शहर माई
अदि एंत दूर मुंदम्मा	वह कितना दूर है माई
भल्लुन तेल्लंग तेल्लवारटाल्कु	सहसा सुबह होने तक
पंड्रेड्रामड नडिचिनामु ओ तल्लि	चले थे माई हम बारह कोस दूर तक
पंड्रेड्रामड नडिचिनामु	चले थे बारह कोस दूर तक
पंड्रेड्रामड नडचि चूसितेनु माकु	बारह कोस चलकर देखने से हमें
अग्नि कोंडलु कानिपिंचा अक्कड	दिखाई पड़े वहाँ आग के पहाड़
अग्नि कोंडलु कानिपिंचा	दिखाई पड़े वहाँ आग के पहाड़
मोकाट वकजल्लि मोचेत वकजल्लि	एक कतार घुटनों में एक कतार कोहनियों में एक कतार
काल्ल गंटलु कडितिमम्मा मेमिंक	बाँध ली थीं घंटिकाएँ माई
काल्ल गंटलु कडितिमम्मा	बाँध ली थीं घंटिकाएँ माई
आकाश मंदितिमि ओकन्न तल्लिरो	बढ़े थे आगे हे माई
अग्निकोंडलु दाटिनामु मेमिंक	पार किया आग के पहाड़ों को माई
अइवध्य कनिपिंचिनादि	दिखाई दिया हमें अयोध्या माई
नलनल्ल गुन्नाडु नामालु पेट्नाडु	है काला काला लगाया तिलक
नंदि वानिवाला वाडेनेमो रामुलम्मा	है नंदी की तरह है शायद वही राम हे माई
पट्नानिकि वाडेनेमो रामुलम्मा	शहर का शायद है वही राम हे माई
यावाड चूसिन पूसिन गंधालु	देखा अगर किसी भी मुहल्ले में सुगंध
वरलु तीसिन कत्तुलम्मा पट्नमुलो	देखा अगर कहीं भी तलवार तो सिपाही शहर में
वगल तीसिन कत्तुलम्मा	तलवार ताने सिपाही शहर में
यावाड चूसिना दंडु मार्जान्तमु	देखा किसी भी मुहल्ले में सब में

राम राम यनि वाक्य मम्मा पट्नमुलो	राम राम नाम ही शहर में
राम राम यनि वाक्य मम्मा	राम राम नाम ही शहर में
एंत गोज्ञवाडु एंत रंडवाडु	कितना कायर वह कितना बेशरम
एंत दंडु एलु तुन्नाडु ओ तल्लि	कर रहा माई यह राज सेना पर इतनी
एंत दंडु एलु तुन्नाडु	कर रहा माई यह राज सेना पर इतनी
अंत मट्टुकु दंडु माचेतिलुंटेनु	अगर होती सेना हमारे हाथों में इतनी
रवधूलि कप्पिंतु मम्मा मेमिंक	कर देंगे चकनाचूर हम माई
गोडु गोडुन दुःख सागे सीतम्म	रोने लगी फूट फूट कर सीता माई
गोट नीरुलु चिम्म सागे	बहाने लगी अश्रुधारा सीता माई
रंगैन मुत्याल सोरुगु देगिनट्लु	रंगीली मोतियों की टूटी लड़ी सी
राल कन्नुल तीर्थमम्मा सीतम्म	गिरने लगे आँसू सीता माई की आँखों से धारा सी
राल कन्नुल तीर्थमम्मा	बहने लगे अश्रु सीता की आँखों से धारा सी
अइवध्य रामुलतो पग कट्टु कुंटेनु	करेंगे वैर अगर अयोध्या-राम से
हरिविडिचे कालमु ना तंड्रि	होंगे दूर हे भाई ईश्वर से
अडविलो पुडितिरा ना कोडुक कुमहार	पैदा हुए जंगल में हे मेरे लाड़ले
अडवि पालै तिरा ना तंड्रि	मिट जायेंगे जंगल में मेरे लाड़ले
पगवानि पौरुषमु मा मुंदर पोगिडिते	प्रशंसा करेगी अगर हमारे सामने शत्रु की
नलमु नालुगु तुंटलम्मा सीतम्म	काट लेंगे जीभ माई सीता माई
नलमु नालुगु तुंटलम्मा	काट लेंगे जीभ माई
तंड्रिरो ओ तंड्रि ओ तंड्रि वाल्मीकी	हे बाप, हे बाप, हे बाप वाल्मीकि
विद्धारि बालुल जोडड बाप मन्नादि	करने को कहा माई दोनों बच्चों को अलग
सीतम्म जोडड बाप मन्नादि	माई करने को कहा दोनों बच्चों को अलग
पेद्द वानिनिंक बाणाल कुशराजुनु	बड़े बाणों के कुशराजु को
पाल पंड्लकु पंपुताडु वाल्मीकी	भेजेगा वाल्मीकि क्षीरी फल तोड़ लाने को
पनस पंड्लकु पंपुताडु वाल्मीकी	भजेगा वाल्मीकि कटहल फल तोड़ लाने को
चिन्न वान्निंग मंत्राल लवण्णनु	छोटे मंत्रों के लवराजा को
पूल तोटकु काइलि पेट्टा वाल्मीकी	रखा वाल्मीकि बगीचे की रखवाली करने को
पूल तोटकु काइलि पेट्टा	रखा बगीचे की रखवाली करने को
एडेंड्लु अइंदि विमन्नु वंचिंदि	बीत गये सात साल बच्चे हुए शिक्षित
वेदन्नु सांभ्राणि एक धूपमु जेसि	लगाकर धूप लोबान की ढेर सी
अश्वान्नि लेपुतारम्मा अइवध्यलो	निकाले घोड़े को अयोध्या में माई
अश्वान्नि लेपुतारम्मा	निकाले घोड़े को अयोध्या में माई
मूतुम्मु सांभ्राणि एक धूपमु जेसि	लगाकर धूप अधिक लोबान को
अश्वान्नि लेपिनारू अइवध्यलो	उठाया अयोध्या में घोड़े को

अश्वमु वंबडि हनुमंतु बंटुनु	सेवक हनुमान को घोड़े के साथ
अंभार्लु पेट्टंपतारु वांड्लिंक	भेजने लगे वे हाथियों के साथ
विनवम्मा ओ रेक्कल अश्वमा	सुनो माई ओ परवाला घोडा
करकर मनियेटि एर्रंग पोद्दु पोडिचेलकु	भुरभुरी लालिम प्रभाती होने तक
पगवानितो पोरबडि तेस्तेने तेचिनावु	शत्रु से भिड़कर नहीं लाओगे अगर जीत
ताकुंटे अश्वमा राम बाणानिकि बाण गोर्रेवु	हे घोड़ा शिकार हो जाओगे राम बाण का
सुम्मि नीवु अश्वमा बान गोर्रेवु सुम्मि नीवु	हे घोड़ा शिकार हो जाओगे राम बाण का
जयरेखकु बदुलु जयरेख प्रक्कन	जयरेखा के बदले जयरेखा के बगल में
लक्ष्मण एमि रासुताडु प्रक्कन	लिखने लगा लक्ष्मण क्या बगल में
बदुलु जयरेख रासिनाडु	लिखने लगा प्रति जयरेखा बगल में
विनंडन्न ओ बाल राजुल्लारा	सुनो रे ओ बाल राजा
सति पति धर्मालु तेट पडेंदाक	सति पति के धर्म होने तक साफ
अश्वान्नि विडवाकंडन्न मीरिंक	मत छोड़ो भाई घोड़े को तुम
अश्वान्नि विडवाकंडन्न	मत छोड़ो भाई घोड़े को तुम
जयरेखकु प्रक्कन जयरेखा प्रक्कन	जयरेखा के बदले में जयरेखा के बगल में
लक्ष्मण इट्ट रासेनु प्रक्कन	लिखा ऐसा लक्ष्मण ने बगल में
बदुलु जयरेखा रासानु	लिखा प्रति जयरेखा बगल में
एदुमु सांभ्राणि एक धूपमु चेसि	लगाकर धूप अधिक लोबान को
अश्वान्नि लेपिनारम्मा अइवध्यलो	उठाया माई अयोध्या में घोड़े को
अश्वान्नि लेपिनारम्मा	उठाया माई अयोध्या में घोड़े को
तूर्पु सीम एल्लि चूसिन गानि	देखने पर जाकर पूरब सीमा तहाँ
एदुराड बंटु लेडाया इक्कड	रहा नहीं कोई लड़नेवाला वहाँ
एदुराड बंटु लेडाया	रहा नहीं कोई लड़नेवाला वहाँ
करकर मनियेटि एर्रंग पोद्दु पोडिचिवच्चि	भुरभुरी लालिम प्रभाती होकर जहाँ
दोड्डवारि अश्वमु एक्कडोचिंदनि	सोचकर बड़ों का घोड़ा आया कहाँ
शंखु तीर्थमु पोसिनाडु सूर्युडु	पिलाया शंख तीर्थ यहाँ सूरज
अजेयमु नाकु कलुग लेदनि जयमु	हुई नहीं हार मेरी जीत
कलिगिंदनि तिरुगु बाटलु पट्टिनादि	हुई मेरी समझकर लौटने लगा
अश्वमु अइवध्य बाट पट्टानु	घोड़ा अयोध्या लौटने लगा
तिरिगिवस्ता आरेक्कलश्वमु दाव लो	लौटते वापस रास्ते में वह परवाला घोड़ा
पूल तोटनु कन्न जूसा अश्वमु	देखा फूलों के बगीचे को घोड़े ने
पूल तोटनु कन्न जूसा	देखा फूलों के बगीचे को घोड़े ने
पूल तोटलो पडि आरेक्कलश्वमु	घुसकर बगीचे में वह परवाला घोड़ा
एरकमु पूलु मेस्तादि अश्वमु	चरने लगा किस ढंग के फूल घोड़ा

एरकमु पूलु मेस्तादि	चरने लगा किस ढंग के फूल घोड़ा
बोंडु मल्लेलु मेसिनादि अश्वमु	चरने लगा गेंदे फूलों को घोड़ा
गोंडु मल्लेलु मेसिनादि	चरने लगा जुही फूलों को घोड़ा
सन्न मल्लेलु मेसिनादि अश्वमु	चरने लगा चमेली फूलों को घोड़ा
इरजाजि पूलु मेसिनादि	चरने लगा मल्लिका फूलों को घोड़ा
मेसिनन्नि मेसि मेटिकि	चरकर जितना चर सकता
कल्लमे कट्टु कुन्नादि	बाँध लिया घोड़े ने बाकी लगाम सा
अश्वमु कल्लमे कट्टु कुन्नादि	बाँध लिया घोड़े ने बाकी लगाम सा
कल्लमु कट्टुकोनि पल्गाटि[31] काडिकि वच्चेटि येलकु	बाँधकर लगाम किवाड़ तक आते समय तक
अन्नमुलु तिनबोइन मंत्राल लवण्णा वच्चा	गया खाना खाने मंत्रों का लवराजा लौटा
एदुरुग मंत्राल लवण्णा वच्चा	सामने लवराजा लौटा
एनिग तोंडमु एगिरि पट्टुकोनि	लगाकर छलाँग पकड़ा लगाम
जयरेख चदुवु तुन्नाडु लवराजु	पढ़ने लगा जयरेखा लवराजा
जयरेख चदुवु तुन्नाडु	पढ़ने लगा जयरेखा लवराजा
विनवम्म ओ रेक्कलश्वमा पगवानितोडा	सुनो भाई ओ परवाला घोड़ा शत्रु से
करकर मनियेटि एर्रंग पोद्दु पोडिचालकु	भुरभुरी लालिम होने तक प्रभाती
तेस्तेने तेचिनाडु ताकुंटे अश्वमा	नहीं लाओगे अगर हे घोड़ा
राम बाणानिकि बाण गोर्रेवि सुम्मि नीवु	हो जाओगे शिकार तुम राम बाण का
अश्वमा बाण गोर्रेवि सुम्मि नीवु	हो जाओगे शिकार तुम बाण का
जयरेखकु बदुलु जयरेख प्रक्कन	जयरेखा के बदले में जयरेखा के बगल में
इक्कडेवडु व्रासिनाडु बदुलु	किसने लिखा जयरेखा जवाब में
जयरेख इक्कडेवडु व्रासिनाडु	किसने लिखा जयरेखा का जवाब
विनंडन्न ओ बाल राजुल्लारा	सुनो रे ओ बाल राजा
सतिपति धर्मालु तेट पडेंदाका	सति पति के धर्म होने तक साफ
अश्वान्नि विडुवाकांडन्ना मीरिंक	मत छोड़ो भाई घोड़े को तुम
अश्वान्नि विडुवाकांडन्ना	मत छोड़ो भाई घोड़े को तुम
एनिग तोंडमु वडचि पट्टुकोनि	पकड़कर घोड़े के लगाम को
गगनमंदे लेपिनाडु लवराजु	उठाया उसे गगन में लवराजा
गगन मंदे लेपिनाडु	उठाया उसे गगन में लवराजा
एनिग तोंडेमु लावु मूलुग सोंगलुपन्ना	कराहने लार टपकाने पर भी
अश्वान्नि विडुव लेदम्मा	नहीं छोड़ा माई घोड़े को
अश्वान्नि पट्टेट कि नीवेंत वाडुवुरा	तुम कितने बड़े हो पकड़ने घोड़े को
अश्वान्नि विडुवुरा बाला नीविंक	तुम बच्चे छोड़ दो घोड़े को
अश्वान्नि विडुवुरा बाला	तुम बच्चे छोड़ दो घोड़े को

अश्वान्नि विड्डुवुमना नुव्वेंतदानिवे	तुम कितने बड़े हो खोलने को कहने घोड़े को
नामीदि केल्लवे कोति	लड़ो मुझसे बंदर तुम
नामीदि केल्लमना नूवेंत टोडवु	तुम कितने बड़े हो मुझसे लड़ने को
नामीदि केल्लरा बाला नीविंग	लड़ो रे मुझसे बच्चा तुम
नामीदि केल्लरा बाला	लड़ो रे बच्चा मुझसे तुम
कोति तोकनु वडचि पट्टु कोनि	पकड़कर बंदर की पूँछ को
गेर्रु गेर्रुन त्रिप्पि कोट्टा	घुमा घुमाकर मारा भू पर बंदर को
वक्कटे एट्टुकु हनुमंतु बंटुकु	एक ही मार में सेवक हनुमान को
वच्चि पोये पान मैनादि दारिलो	रहा रास्ते में प्राण जाने को
क्रिंदने पडि पोइंदि	गिर गया बंदर नीचे को
संपिन कोतिनि पारवेस्ते गीन	अगर छोड़ दोगे वैसे मारे गये बंदर को
पापंबुलु वच्चुननि	समझकर होगा पाप मुझ को
अग्नि दान मड्डुग नोच्च तल्लिनि	आया माई के पास आग लेने को
अग्निदान मड्डुगनोच्च	आया लवराजा आग लेने को
कारुंड पडवेंदु ना कोडुका कुमहार	कीकारण्य में मेरा लाड़ला बेटा
अग्निदानमालरन्ना नीकिंक	क्यों चाहिए आग तुम को हे भाई
अग्नि दान मालरन्ना	क्यों चाहिए आग हे भाई
नलनल्ल गुन्नादि नामालु पेट्नादि	है काला काला लगाया तिलक
वंकमूति कोति वक्कटे वच्चिंदि तल्लि	हे माई तिरछा मुखवाला अकेला बंदर
अश्वमेंबडि वक्कटे वच्चिनदि तल्लि	घोड़े के साथ आया माई अकेला एक बंदर
आ कोतिनि नेनु संपिनानु गानि	मार दिया मैंने उस बंदर को अगर
पार वेस्तेगीन पापंबुलु वस्ताइ	छोड देगा तो पाप होगा मुझे समझकर
काल बेट्टुता मीयमनेनु वग्नि लो	जला दूँगा माई आग दो मुझ को
कालबेडता मीयमनेनु	जला दूँगा माई आग दो मुझ को
गोड्डु गोड्डुन दुःख सागे सीतम्म	रोने लगी फूट फूट कर सीता माई
गोट नीरुलु चिम्म सागे	बहाने लगी अश्रु धारा सीता माई
कोंत कालमु नेनु साकि नानंटेने	थोड़ा समय इसे पाला मैं कहती हुई
चनुबालु पिंडि पोस्तादि सीतम्म	निकालकर दिया स्तन्य सीता माई
चनुबालु पिंडि पोस्तादि	निकालकर दिया स्तन्य माई
ईकाल कोटि विषमु कल्पिस्त ना कोडुक	निकाल कर दूँगी विषैली गरल को भाई
कोंड बोइ नीवु[32] कोतिकि पोयन्ना	ले जाकर तुम इसे पिलाओ उस बंदर को
नीकिंक पापमु रादु अन्नादि	हे भाई होगा नहीं कोई पाप तुझे
मातल्लि चनुबालु मेमु त्रागिते	पीने से ही अपनी माई का स्तन्य
माकिंत बलमुंदि	मिला बल हमें इतना

दानिक्कि पोस्तेनु दानिकेंत बलमनि	पिलाने से उसे होगा कितना बल समझकर
दोन्ने कडिगि पोसिनाडु	पिलाया उसे साफ करके दोने को
दोन्ने लेत्तुक तागिनाडु लवराजु	पिया लवराजा उठाकर दोने को
दोन्ने कडिगि पोसिनाडु	पिलाया उसे साफ करके दोने को
दोन्ने कडिगि पोस्ते चच्चि पोइन कोतिकि	पिलाने से दोना साफ करके मरे बंदर को
मल्ला पान मोच्चिनादि कोतिकि	आ गये प्राण फिर बंदर को
मल्ला पान मोच्चिनादि	आ गये प्राण फिर बंदर को
पैकि लेस्तेनु मल्ल संपुताडनि	उठ गये तो अगर मारेगा फिर समझकर
पूल ताट्लो नुंचि अइवध्य पट्नानिकि	फूलों के बगीचे से अयोध्या शहर
जेल्लु कट्टुक दोर्लिनादि आ कोति	लुढ़कने लगा वह बंदर घुटनों के बल पर
बेंडु कट्टुक दोर्लिनादि	लुढ़कने लगा वह बंदर
लक्षलकु तीरिन्नि पच्च बंडलमीद	लाखों से भरे चौपाल पर
राजान राजुलु रामुलु गूर्चोनि	राजा सामंतों के साथ राम बैठकर
पट्टि पंदेमु आटु तुंड्रि इक्कड	खेल रहा था दाँव शतरंज के
पगिडि पंदमाटु तुंड्रि	खेल रहा था वहाँ दाँव सोने के
एमिरा हनुमंता नीवे वस्तिवि	आये हो अकेले क्यों रे हनुमान
अश्वमु एक्कडेल्लानु	गया कहाँ घोड़ा हे हनुमान
नी कोलुवु के दंडमु नीके दंडमु	तुम को सलाम सलाम तेरी नौकरी को
ऊपिरि उंटेनु उप्पम्मक तिंटानु	होगा अगर प्राण बेचकर जीऊँगा नमक
नी कोलुवु नाकु सालनेनु	बस तेरी नौकरी मुझ को
हनुमंतुडु नी कोलुवु नाकु सालननेनु	कहा हनुमान ने अब बस नौकरी तेरी
मंदि मार्भलमु भतृ शत्रघ्नुलु	बड़ी सेना भरत शत्रुघ्न सहित
दंडु पयनमु कट्टिनारु अइवध्य	निकली सेना अयोध्या की
दंडु पयनमु कट्टिनारु	निकली सेना अयोध्या की
राकुंटे माट्टुना ओरेइ हनुमंता	आओगे नहीं तो ठीक ओ हनुमान
दावन्ना जूपुदुवुरारा माकिंक	बताते जाओ रास्ता हमें
आचेट्टु चाटुनुंचि ई चेट्टु चाटुनुंचि	उस पेड़ के आड़ से इस पेड़ के आड़ से
इदिगो दाव अदे नंटाडु हनुमंतु	कहता है हनुमान रास्ता है वही
भ्रतृ शत्रुघ्नुल मंदि मार्भलमंता	भरत शत्रुघ्न व सेना भर
दंडु पयनमै वच्चिनारु	निकले सब तैयार होकर
पूल तोटकु दंडु पयनमै वच्चिनारु	निकले सब फूलों के बगीचे को तैयार
आरेक्क लश्वान्नि कन्नुलारा जूसि	देखकर आँखों से उस परवाले घोड़े को
अप्पुडेमनि पलुकताडु भरतुडु	कहने लगा भरत ऐसा
अप्पडेमनि पलकुताडु	कहने लगा भरत ऐसा

अश्वान्नि पट्टानिकि नुव्वेंत टोडवुरा	तुम कितने बड़े हो पकड़ने घोड़े को
अश्वान्नि विडुवरा बाला नीविंग	तुम बच्चे छोड़ दो घोड़े को
अश्वान्नि विडुवरा बाला	तुम बच्चे छोड़ दो घोड़े को
अश्वान्नि विडुवुमन नुव्वेंत टोडवु	कितने बड़े हो तुम कहने घोड़ा छोड़ने को
ना मीद केल्लरा भोज नीविंक	लड़ो मुझ से हे राजा तुम
ना मीद केल्लरा भोज	लड़ो मुझ से हे राजा तुम
अग्गै मंडेने भतृ शत्रुघ्नुलु	जले आग बनकर भरत शत्रुघ्न
मायनंबु वेसिनारु वाड्लिंक	छोड़ा दोनों ने माया बाण
मायनंबु वेसिनारु	छोड़ा दोनों ने माया बाण
माय अंबु पाया लवराजुकु तगिला	लगा लवराजु को जाकर माया बाण
मूर्चिल्लु चेंदि पन्नाडु लवराजु	हो गया बेहोश लवराजा
मूर्चिल्लु चेंदि पन्नाडु	हो गया बेहोश लवराजा
मूर्चिल्लु चेंदिन्न मंत्राल लवण्णनु	बेहोश हुए लवराजा को
रथम लोने वेसि इग्गु कुंटानु पोतारु	डालकर रथ में ले जाने लगे खींचते
वाड्लिंक इग्गु कुंटाने पोतारु	वे ले जाने लगे खींचते
पाल पंड्लकु पोइन बाणाल कुशराजुकु	तोड़ने क्षीरी फल गये बाणों के कुशराजा को
कुडिभुजमु कूलि नट्लाया अडविलो	लगा जंगल में मानो दाएँ भुजा गयी टूट
कुडि भुजमु कूलिनट्लाया	मानो दाएँ भुजा गयी टूट
बाणाल कुश राजुकु कुडि भुजमु कूलने अम्मा	टूट गयी दाएँ भुजा कुश राजा की माई
अडविलो कुडि भुजमु कूलनेनम्मा	जंगल में दाएँ भुजा टूटी माई
आनुंचि कुशराजु मेडिमेत्तु परुगु नोच्चानु	दौड़ते आया कुशराजा वहाँ से माई
तल्लंचुकु मेडिमेत्तु परुगुनोच्चानु	दौड़ते आया माई के पास
कारुंड पडवेंदु मातल्लि सीतम्म	कीकारण्य में माई सीता माई
साल दीवेनलु नाकु इय्यवे तल्लि	दे दो बहुत दुआएँ मुझे माई
कुडि भुजमु कूलिनट्लाया	लगा टूट गयी मेरी दाई भुजा
अडविलो कुडि भुजमु कूलिनट्लाया	जंगल में टूट गयी दाई भुजा माई
अइवध्य रामुलतो पगबट्टु कुंटिरि	वैर निभाया अयोध्या राम से भाई
अडवि पालैतीवा ना तंड्रि	हाय मिट गये हो जंगल में मेरे भाई
कन्न तल्लि नीवु कंटनीरु पेडिते	माई होकर अगर तुम आँसू बहाओगी
नलमु नालुगु तुंट लम्मा सीतम्म	काटूँगा जीभ हे माई सीता माई
नलमु नालुगु तुंट लम्मा	काटूँगा जीभ हे माई
साल दीवेनलु नाकु इय्यवे तल्लि	दे दो बहुत दुआएँ मुझे माई
नेनु वेल्लि पोताननना कुशराजु	चला जाऊँगा मैं कहा कुशराजा
नेनु वेल्लि पोताननना	चला जाऊँगा मैं कहा कुशराजा

पगवारि सेयि क्रिंदुगा ना कोडुक
मी चेइ मीदुगा नन्ना अडविलो
मी चेइ मिन्नु गानन्ना
तल्लि तोन कुशराजु साल दीवनेलु तीसुकोनि
कुशराजु मिडिमेत्तु परुगुनोच्चानु
पूल ताटकु मिडिमेत्तु परुगुनोच्चानु
मंत्राल लवण्णनु रथमु कोम्मुनजूसि
माय नंबु नेसिनाडु कुशराजु
माय नंबु नेसिनाडु
माय अंबु पाया कट्लु ऊडिपाया
तुल्लिपडि लेचिनाडु लवराजु
तुल्लिपडि लेचिनाडु
लेय्यरा तम्मुडा पगवारि रथमुन
एमि निद्र लोच्च तम्मुडा नीगिंक
एमि निद्र लोच्च तम्मुडा
तम्मुड्डु लेचेनु अन्न तम्मुड्डु याकस्तु लैनारु
युद्धानि के पूनुतारु वाड्लिंक
युद्धानि के पूनुतारु
अलनाडु माकु अभयमु इच्चिन
ब्राह्मणय्य वेंटने
मदियंदु दलचिनारु बालुरु
नाग वडिशा लंदिनारु
नाग वडिशालतो रुब्बुड्डु गुंड्लतो
दंडुनंता गूल्चिनारु पूलताट्लो
दंडुनंता गूल्चिनारु
मंदि मार्बलमु भतृ शत्रुघ्नुलु
दंडु अंता कूलि पोइरि
पूल ताट्लो दंड्ड अंता कूलि पोइरि
एदुरुगा वस्ते नन्नु संपुतारनि
आसेट्टु साटुनुंचि इसेट्टु साटुनुंचि
अइवध्य बाट पट्टानु हनुमंतु
अइवध्य बाट पट्टानु हनुमंतु
अइवध्य जे रोच्चिनाडु
लक्षलकु तीरिन्नि रच्च बंडल मीद

शत्रुओं के हाथ नीचे मेरे बेटे के हाथ ऊपर
जंगल में रहे आप के हाथ ऊँचा हे भाई
हाथ आप के रहे ऊँचा हे भाई
बहुत दुआएँ लेकर माई से कुशराजा
दौड़ते आया कुशराजा
फूलों के बगीचे दौड़ते आया कुशराजा
देखकर लवराजा को रथ पर
छोड़ा माया बाण कुशराजा ने
छोड़ा माया बाण कुशराजा ने
गया माया बाण खुल पड़े बंधन
उठ गया सँभलकर लवराजा
उठ गया सँभलकर लवराजा
शत्रुओं के रथ से उठो भाई
आयी नींद कैसे तुझे भाई
आयी नींद कैसे तुझे भाई
उठ गया माई एक हो गये दोनों भाई
तैयार हुए लड़ने जंग दोनों भाई
तैयार हुए लड़ने जंग दोनों भाई
उस समय हमें दिया अभय
ब्राह्मण को सत्वर बच्चों ने
याद किया मन में बच्चों ने
प्राप्त किया नाग बाण बच्चों ने
नाग बाण से व चट्टू गोलों से बच्चे
गिराया पूरी सेना को जंगल में बच्चों ने
गिराया पूरी सेना को बच्चों ने
पूरी सेना भरत शत्रुघ्न सहित
गिर गये सब जंगल में
गिर गये सब फूलों के बगीचे में
आऊँगा अगर सामने मारेगा मुझे गुस्से में
इस पेड़ के आड़ से उस पेड़ के आड़ से
लौटने लगा अयोध्या हनुमान
लौटने लगा अयोध्या हनुमान
पहुँच गया अयोध्या हनुमान
लाखों से भरे चौपाल पर

राजान राजुलु रामुलुनु गूर्चोनि	राजा सामंतों के साथ राम बैठकर
पट्टि पंदेमु आडुतुंड्रि इक्कड	खेल रहा था वहाँ दाँव शतरंज के
पगिडि पंदेमाडुतुंड्रि	खेल रहा था वहाँ दाँव सोने के
एमिरा हनुमंता नीवे वस्तिवि	क्यों रे हनुमान आये हो अकेले
मंदि मार्बलमु भतृ शत्रुघ्नुलु	सेना भरत शत्रुघ्न सब
दंडु यंत एमैरि हनुमंता	क्या हो गये हनुमान सब
नीकोलुवु के दंडमु नी को दंडमु	तुम को सलाम सलाम तेरी नौकरी को
ऊपिरि उंटेनु उप्पम्मकु तिंटानु	होगा अगर प्राण जीऊँगा बेचकर नमक को
नी कोलुवु नाकु सालनेनु	कहा बस तेरी नौकरी मुझ को अब
रामुलु लक्ष्मण मंदि मार्बलमु	राम लक्ष्मण सेना सहचर सब
दंडु पयनमु कट्टिनारु	चलने को हुए तैयार सब
पूल ताटकु दावन्न चूपमन्नारु	कहा बताने को बगीचे के रास्ते को
आ सेट्टु साटु नुंचि ई सेट्टु साटु नुंचि	इस पेड़ के आड़ से उस पेड़ के आड़ से
अदिगो दाव अदेनंटाडु हनुमंतु	कहता है हनुमान रास्ता है वही
अदिगो दाव अदे नंटाडु	कहता है रास्ता है वही
रामुलु लक्ष्मण मंदि मार्बलमु	राम लक्ष्मण सेना सहचर सब
पूल तोट कोच्चिनारु वाड्लिलंक	पहुँच गये वे फूल बगीचे तब
पूल तोट कोच्चिनारु	पहुँच गये वे फूल बगीचे सब
पूल तोट अश्वान्नि केल्लि चूसि	देखकर घोड़े को फूल बगीचे में
एमंटनि पल्कुताडु रामुलु	कहने लगा राम ऐसा
अप्पुडेमनि पल्कुताडु	कहने लगा राम ऐसा
ओक सेंप कोडिते पालु कारुताइ	मारने से एक गाल पर दूध निकलेगा
ओक सेंप कोडित रक्त मेल्लुतादि	एक गाल पर खून निकलेगा
अश्वान्नि विडवंडि बाला मीरिंक	छोड़ दो बच्चे घोड़े को
अश्वान्नि विडवंडि बाला मीरिंक	छोड़ दो बच्चे घोड़े को
अश्वान्नि विडुवमन नूवेंत टोडवुरा	कितना बड़े हो तुम कहने घोड़ा छोड़ने को
मामीद केल्लरा भोज नीविंक	लड़ो हम से तुम राजा
मामीद केल्लरा भोज	लड़ो हम से तुम राजा
अग्गै मंडेने अइवध्य रामुलु	जला आग बनकर अयोध्या राम
तेल्ल बाणमु तोडिगिनाडु रामुलु	निकाला बिच्छू बाण राम ने
तेल्ल बाणमु तोडिगिनाडु	छोड़ा बिच्छू का बाण राम ने
मेघाल साटुन्न लक्ष्मण पेरुमार्लु	बादलों के आड़ से लक्ष्मण ने
कोल्ल बाणमु तोडिगिनाडु लक्ष्मण	निकाला मुर्गा बाण लक्ष्मण ने
कोल्ल बाणमिडिसिनाडु	छोड़ा मुर्गा बाण लक्ष्मण ने

कोल्ल बाणमु पाया तेल्लनेरुकतिना	मुर्गा बाण ने जाकर खा लिया बिच्छू को
वारि बाणालु मध्यलो कलबडि	भिड़कर उनके बाण बीच में
मंटलाई मंडिपाया अडविलो	जल गये आग बनकर जंगल में
मंटलाई मंडिपाया	जल गये आग बनकर जंगल में
ईसारि बाणमु दारि दप्पिंदंट	समझकर अब की बार बाण लगा नहीं निशाने पर
तिरग बाणमु तोडिगि नाडु रामुलु	निकाला दूसरा बाण राम ने
पामु बाणमु तोडिगि नाडु	निकाला नाग बाण राम ने
पामु बाणमु तोडिगि नाडु	निकाला नाग बाण राम ने
पामु बाणमु तोडिगि अइवध्य रामुलु	निकालकर नाग बाण अयोध्या राम ने
पामु बाणमिडिसिनाडु अक्कड	छोड़ा नाग बाण वहाँ
पामु बाणमिडिसिनाडु	छोड़ा नाग बाण राम ने
मेघाल चाटुन लक्ष्मण पेरुमार्लु	बादलों के आड़ से लक्ष्मण
गरुट बाणमु तोडिगि नाडु लक्ष्मण	निकाला गरुड़ बाण लक्ष्मण ने
गरुट बाणमु इडिसिनाडु	छोड़ा गरुड़ बाण लक्ष्मण ने
गरुट बाणमु पायापामु लेरकतिना	गरुड़ बाण ने जाकर खा लिया साँपों को
वारि बाणालु मध्यलो कलवडि	भिड़कर उन के बाण बीच में
मंटलाइ मंडिपाया अडविलो	जल गये आग बनकर जंगल में
मंटलाइ मंडिपाया	जल गये आग बनकर
ईसारि बाणमु दारि दप्पिंदंटु	समझकर अब की बार बाण लगा नहीं निशाने पर
अग्गि बाणमु तोडिगि नाडु रामुलु	निकाला आग का बाण राम ने
अग्गि बाण मिडिसिनाडु	छोड़ा आग का बाण राम ने
मेघाल चाटुन लक्ष्मण पेरुमार्लु	बादलों के आड़ से लक्ष्मण ने
नील्ल बाणमु तोडिगिनाडु लक्ष्मण	निकाला पानी का बाण
नील्ल बाणमु पाया अग्गि आरि पाया	गया पानी का बाण बुझ गयी आग
वारि बाणालु मध्यन कलवडि	भिड़कर उनके बाण बीच में
मंटलाइ मंडिपाया अडविलो	जल गये आग बनकर जंगल में
मंटलाइ मंडिपाया	जल गये आग बनकर जंगल में
विनवोइ लक्ष्मणा विनकुल भूपाल	इक्ष्वाकु भूपाल सुनो भाई लक्ष्मण
सौमित्रि कुमहार सोधकुल लक्ष्मण	सुमित्रा सुत हे पटु लक्ष्मण
अंत नी माय गुंदन्न अडविलो	लगता है जंगल में सब तेरी माया
अंत नी माय गुंदन्न	लगता है सब तेरी माया लक्ष्मण
इद्धरि पिलवाड्ल नेत्तुलु मीदिकि	दोनों बच्चों को पहनाने
कुल्लाइ कुट्टिंचवन्ना नीविंक	बनवाओ तुम भाई अब टोपियाँ
मेरुवान पंपिंचवन्ना	भेजो भाई तुम मेरुवानी

इद्धरि बालुल नेत्तुल्ल मीदिकि	दोनों बच्चों को सर पर पहनाने
कुल्लाई कुट्टिंचिनाडु श्री राम	सिलवायीं टोपियाँ श्रीराम ने
मेर्वाणा पंपिंचिनाडु	भेजी मेरुवानी श्रीराम ने
मेर्वाणालनु तीस्कोनि बाललु	लेकर तोहफे बच्चे
तल्लंचुकु मिडिमेत्तु परुगुनोच्चिरि	दौड़ते आये माई के पास बच्चे
वाड़िलक मिडिमेत्तु परुगुनोच्चिरि	दौड़ते आये माई के पास बच्चे
चिन्नप्पुडु ऊगिन्न ऊयाल बदुलु	बचपन में झुलाये झूले के बदले में
मेर्वाणालु तेच्चि इच्चनारु	लाकर दिये तोहफे हमें
ऊयाल तीसिकोनि अइवध्य रामुलु	लेकर झूले को अयोध्या राम
अप्पुडेमनि पलकुताडु रामुलु	कहने लगा ऐसा श्रीराम
अप्पुडेमनि पलकुताडु	कहने लगा ऐसा श्रीराम
विनंडन्ना ओ बाल राजुल्लारा	सुनो रे ओ बाल राजा
मी तल्लि पेरेमि मी तंड्रि पेरेमि	कौन माई है कौन पिता क्या नाम उनका
गुरुवु दैवमु पेरेमि ओ बाला	हे बच्चे क्या नाम है गुरु का
गुरुवु दैवमु पेरेमि	क्या नाम है गुरु का
मी तल्लि पेरेमि नी तंड्रि पेरेमि	कौन माई है कौन पिता क्या नाम उनका
गुरुवु दैवमु पेरेमि ओ राजा	हे राजा क्या नाम है गुरु का
गुरुवु दैवमु पेरेमि	क्या नाम है गुरु का
इंटि पेरे इलकुल वांड्लु	कुल का नाम है इक्ष्वाकु
कुल में क्षत्रीय कुलमु	जाति है क्षत्रिय जाति
गोत्र मेमो काशि गोत्रमु	गोत्र है काशी गोत्र
गुरुवे वाल्मीकी गुरुवु	गुरु हमारे वाल्मीकि गुरु
इंटि इलवेलुपु देवुडु	घर का कुल देवता
कावेटि रंगडु बाला	कावेरी के श्रीरंगनाथ हैं बच्चे
कावेटि रंगडु	कावेरी के श्रीरंगनाथ हैं बच्चे
दशरथुडु ममुगन्ना तंड्रि	दशरथ हमारे पिता
कौसल्य ममुगन्ना तल्लि सीते नाकुलक्ष्सति	कौसल्या हमारी माई सीता मेरी भार्या
लक्ष्वुवण्णा ना चिन्नि तम्मुडु	लक्ष्मण मेरा छोटा भाई
ऊर्मिल्ल ना मुद्धुल मरदलु	उर्मिला मेरी लाड़ली देवरानी
भरत शत्रुघ्नुलु बलमैन तम्मुलु	भरत शत्रुघ्न मेरे बलवान भाई
बाला बलमैन तम्मुलु	बच्चे मेरे बलवान भाई
तल्लि तंड्रि पेरु गुरुवु दैवमु पेरु	माता पिता के नाम गुरु के नाम
चेप्पिंचक पिलवांड्लु मिडिमेत्तु	जानकर दौड़ते आये बच्चे
परुगुनोच्चिरि तल्लंचुकु	माई के पास दौड़ते आये बच्चे

मिडिमेत्तु परुगुनोच्चिरि
कारुंड पडवेंदु तल्लिरो
मातल्लि पेरेमि मा तंड्रि पेरेमि
गुरुवु दैवमु पेरेमि ओ तल्लि
गुरुवु दैवमु पेरेमि
मीतल्लि लेदन्ना मी तंड्रि लेडन्ना
गुरुवु दैवमु लेडन्ना मीकिंक
गुरुवु दैवमु लेडन्ना
मातल्लि लेकुंटे मा तंड्रि लेकुंटे
गुरुवु दैवमु लेकुंटे ओ तल्लि
मेमेट्ल पुट्टिनामु
इंटि पेरे इलकुल वांड्लु
कुल में कुस्तील कुलमु[33] गोत्र
मेमो काशी गोत्रमु
गुरुवे वाल्मीकी गुरुवु
इंटि इलवेलुपु देवुडु कावेटि रंगडु
बाला कावेटि रंगडु
दशरथुडु मी मुस्सीलब्बा[34]
कौसल्या मी मुस्सीलम्मा
श्रीरामुडु मिमु कन्ना तंड्रि
सीतत्म मिमु गन्ना तल्लि
लक्षुवण्णा मी पिन्ना तंड्रि
ऊर्मिल्ल मी पिन्न तल्लि
भरत शत्रुघ्नुलु बलमैन पिन्नलु
बाला बलमैन पिन्नलु
तल्लि तंड्रि पेरु गुरु दैवमु पेरु
चेप्पिंचुक पिलवांड्लु
मिडिमेत्तु परुगुनोच्चिरि तल्लंचुकु
मिडिमेत्तु परुगुनोच्चिरि
इंटि पेरे इलकुल वांड्लु
कुल में कुस्तील कुलमु
गोत्रमेमो काशी गोत्रमु
गुरुवे वाल्मीकी गुरुवु
इंटि इलवेलुपु देवुडु कावेटि रंगडु राजा

दौड़ते आये बच्चे
कीकारण्य में हे माई सीतामाई
कौन माई कौन पिता हमारे क्या नाम हैं उनके
गुरुदेव के नाम क्या है हे माई
गुरुदेव के नाम क्या है हे माई
नहीं है माई नहीं है पिता तुम्हारे हे भाई
गुरुदेव नहीं है तुम्हारे हे भाई
गुरुदेव नहीं है तुम्हारे हे भाई
नहीं है अगर पिता माई
नहीं है अगर गुरु देव हमारे माई
पैदा हुए कैसे हम हे माई
कुल नाम है इक्ष्वाकु
जाति है क्षत्रिय जाति गोत्र है
काशी गोत्र
गुरु वाल्मीकि गुरु
कुल देवता कावेरी के श्री रंगनाथ
बच्चे कावेरी के श्री रंगनाथ
दशरथ तुम्हारे दादा
कौसल्या तुम्हारी दादी
श्रीराम तुम्हारे पिता
सीतामाई तुम्हारी माई
लक्ष्मण तुम्हारा चाचा
उर्मिला तुम्हारी चाची
भरत शत्रुघ्न तुम्हारे बलवान चाचा
बच्चे
माता पिता के नाम गुरुदेव के
नाम जानकर बच्चे
दौड़ते आये पिता के पास बच्चे
दौड़ते आये बच्चे
कुल नाम है इक्ष्वाकु
जाति है क्षत्रिय जाति गोत्र है
काशी गोत्र
गुरु हमारे वाल्मीकि गुरु
कुल देवता कावेरी के श्री रंगनाथ हैं राजा

कावेटि रंगडु	कावेरी के श्री रंगनाथ
दशरथुडु मा मुस्सिलब्बा	दशरथ हमारे दादा
कौसल्या मा मुस्सीलम्मा	कौसल्या हमारी दादी
श्रीरामु ममु कन्ना तंड्रि	श्रीराम हमारे पिता
सीतत्म ममु गन्ना तल्लि	सीता माई हमारी माई
लक्षुवण्णा मा चिन्ना तंड्रि	लक्ष्मण हमारे चाचा
ऊर्मिल्ल मा चिन्न तल्लि	उर्मिला हमारी चाची
भरत शत्रुघ्नुलु बलमैन पिन्नलु	भरत शत्रुघ्न हमारे बलवान चाचा
बाला बलमैन पिन्नलु	राजा बलवान चाचा राजा
इद्दरि बालुल अद्दिकिनि तीरचुकोनि	लेकर दोनों बच्चों को गोद में
तोडल पैन जेर्चुकुन्नाडु श्री रामा	बिठा लिया जाँघों पर श्रीराम ने
तोडल पैन जेर्चुकुंडा	बिठा लिया जाँघों पर श्रीराम ने
विनंडन्ना ओ बाल राजुल्लारा	सुनो रे ओ बाल राजा
कारुंड पडवेंदु ना कोडुकु कुमाहारा	हे मेरे बेटे कीकारण्य में
मीतल्लि याड उंदन्ना अडविलो	कहाँ है तुम्हारी माई जंगल में
मी तल्लि याड उन्नादि	कहाँ है तुम्हारी माई जंगल में
मुंदरा रामुलु वेनकने लक्ष्मणा	आगे आगे राम पीछे लक्ष्मण
लवण्णा कुशलन्न सीत दग्गरि कोच्चिनारु	लवभाई कुशभाई आगे सीता के पास आये
वांड्लिंक सीत दग्गरि कोच्चिनारु	सब आये सीता के पास
रामुलोच्चे राकट सीतम्म चूसिंदि	देखा सीता ने राम के आने को
बंगारु चेंबुलतो उदकमुलुन तीसिकोनि	लेकर पानी सोने के लोटों से
मुंदु मूडु अडुगुलु नडचिवच्चिनादि	आयी तीन कदम आगे
बंगारु पल्लेमुलो पादमुलु पेट्टिंचि	रखकर सोने के थाल में
पादालु कडिगिंचि पादमुलु कडिगिनोटि नीह्लु	कराकर साफ चरणों को उस पानी को
पारबोस्ते गीन पापंबुलोच्चुननि	समझकर फेंकेंगे अगर तो होगा पाप
पै धारा बोसुकुन्नादि सीतम्म	डाल लिया अपने सर पर सीता माई ने
पै धारा पोसुकुन्नादि सीतम्म	डाल लिया अपने सर पर सीता माई ने
पतिव्रतवै उंटे अडविलोन नीवु	पतिव्रता अगर हो तुम जंगल में
अमडालनु कनि उंटे	दिया अगर जुड़वे बच्चों को जंगल में
पूलताट्लो कूलिपोइन दंडुनंता लेपालि	फूलों के बगीचे में गिर पड़े सब को जीवित करो
ओ सीत दंडु नंता लेपालि	हे सीता सेना को सब जीवित करो
ना कष्टमु नाकु तप्प लेदंटुने सीत	हुए नहीं दूर अभी मेरे कष्ट
देवम्मा	समझकर सीता माई ने
पूल ताट्लो कूलि पोइन मंदिनंता लेपिनादि	जीवित किया सबको सीता माई ने

भरतुड्डु शत्रुघ्नड्डु मंदि मार्भलमु
दंडु अंता लेचिनारु पूल ताट्लो
दंडु अंता लेचिनारु
रामुलु लक्ष्मण्णा सीत देवम्म
लवन्न कुशलन्न भरत शत्रुघ्नलु
मंदि मार्भलमंता दंडुपयनमु गट्टि
अइवध्य जेरोच्चिरि वांड्लिंक
अइवध्य जेरोच्चिरि
अइवध्यलोन दिनमु वाज्यंतमु
इद्धरि पिलवांड्लु रवधूलि कप्पिंचुतारु
वांड्लिंक रवधूलि कप्पिंचुतारु
इद्धरि पिलवांड्लु पोरुलाकु तल्लि
निलुव लेदु सीतम्म धरणीन ताल लेदु सीतम्म
भूदेव तम्मनु सारडुगु सोटडिगि
भूमि पगुल कोट्टुकुंडा सीतम्म
भूमि पगुल कोट्टुकुंडा
इद्धरि पिलवांड्ल ताल लेक तल्लि
भूमि लोने कुंगुतादि
कूलि पोये सीतनु कन्नलारा जूसि
एडम सेंपेंटुकलु वडिचि पट्टुकोनि
इग्गि गड्डा मीदि केसा श्रीरामा
इग्गि गड्डा मीदि केसा
इद्धरि बालल वद्दकिनि तीसुकोनि
तोडल पैन जेर्चुकुंडा श्रीरामा
तोडल पैन जेचुकुंडा
विनंडन्ना ओ बाल राजुल्लारा
मुंदु कालान मीकु नरलोक मंदुन
नित्य पूजलु गान रन्ना बाललु
नित्य पूजलु गान रन्ना
इद्दरि बालुल सेमटलु तुडिचिनाडु
रामुडु चेमटलु तुडिचिनाडु
रामुलु सीत देवम्म लक्ष्मण ऊर्मिल्ल तो
सगा बोंदितो कैलास मेल्लि पोइरि
वांड्लिंक कैलास मेल्लिपोइरि

भरत शत्रुघ्न सेना सब
उठ गये बगीचे में सेना सब
उठ गये सेना सब
राम लक्ष्मण सीता माई
लवभाई कुशभाई भरत शत्रुघ्न
सेना सब हुए तैयार चलने
हुए तैयार अयोध्या पहुँचने
पहुँच गये अयोध्या वे सब
दिन भर अयोध्या में
मचाने लगे खूब शोर दोनों बच्चे
मचाने लगे खूब शोर दोनों बच्चे
झगड़ों से दोनों बच्चों की माई
रह नहीं पाती सीता माई सहन नहीं पाती माई
माँगकर मुट्ठी भर जमीन भूदेवी से सीता माई
समा गयी भू में सीता माई
समा गयी भू में सीता माई
दोनों बच्चों को सँभाल नहीं पायी
समा जाने लगी भू में सीता माई
देखकर भू में समानेवाली सीता को
पकड़कर केशों से सीता माई को
खींच लिया श्रीराम ने तट को
खींच लिया श्रीराम ने तट को
लेकर गोद में दोनों बच्चों को
बिठा लिया जाँघों पर श्रीराम ने
बिठा लिया जाँघों पर श्रीराम ने
सुनो रे हे बाल राजा
आगे नरलोक में तुम्हें भाई
होगी पूजाएँ नित्य तुम्हें भाई
होगी पूजाएँ नित्य तुम्हें भाई
पोंछ दिया पसीना दोनों बच्चों का श्रीराम ने
पोंछ दिया पसीना श्रीराम ने
राम सीता माई लक्ष्मण उर्मिला के साथ
गये देह समेत कैलास
गये वे देह सहित सब कैलास

शरणु शरणु रामा शरणय्य राघव
शरणाग बिरुदु गल रामा
नीकिंका शरणय्या श्रीरघुरामा
कन्नवारिकि रामा! विन्नवारिकि रामा!
कन्नवारिकि रामा! विन्नवारिकि रामा!
कालिम्य राम शरणय्य
नीकिंक पट्टाभिराम शरणय्या

शरण शरण हे राम शरण शरण हे राघव
शरणागत वत्सल नामांकित हे राम
शरण शरण हे श्री रघुराम!
देखनेवाले को हे राम! सुननेवाले को हे राम!
देखनेवाले को हे राम! सुननेवाले को हे राम!
कलियुग में नहीं और शरण हे राम
मात्र शरण है तेरे पट्टाभिषिक्त हे राम!

संदर्भ सूची

1. लोक साहित्य का अध्ययन, डॉ. त्रिलोचन पांडेय, पृ. 137
2. स्त्रीला रामायणपु पाटलु, श्रीकृष्णश्री, भूमिका, पृ. 2
3. जानपद कला संपदा, आचार्य तूमाटि द्रोणप्पा, पृ. 61
4. स्त्रील गेय काव्यमुलु, भारती, विजय-श्रावणमु, पृ. 129-136
5. तेलुगु जानपद गेय साहित्यमु, आचार्य बी. रामराजु, पृ. 21
6. वही, पृ. 91
7. तेलुगु जानपद साहित्य-पुरा गाथलु, डॉ. रावि प्रेमलता, पृ. 279-80
8. जानपद कला संपदा, आचार्य तूमाटि द्रोणप्पा, रायलसीमा गेय पाटलु, पृ. 61-94
9. आधुनिकांध्र कवित्वमु, संप्रदायमुलु-प्रयोगमुलु, पृ. 877
10. जानपद गेय साहित्यमु, आचार्य बी. रामराजु, पृ. 93-94
11. स्त्रीला रामायणपु पाटलु, संपा. श्री कृष्णश्री, भूमिका, पृ. 272
12. वही, पृ. 174
13. मेदक जिले में गाये जानेवाले कथागीतों के आधार पर
14. मेदक जिले में गाये जानेवाले कथागीत, संग्रहकर्त्री, डॉ. रावि प्रेमलता
15. ग्रामीण संस्कृति (अनंतपुर जानपद गेयालु), डॉ. सी. कृष्णा रेड्डी, पृ. 54-56
16. जानपद कला संपदा, आचार्य तूमाटि द्रोणप्पा, पृ. 93-94
17. संग्रहकर्त्री, डॉ. रावि प्रेमलता, हैदराबाद।

बोली शब्दार्थ सूची

1. अयोध्या।
2. कलियुग।
3. चटाई जो टाट से बुनकर रंग डाली गयी है।
4. गुसलखाने के पास डाला गया बड़ा पत्थर। आंध्र के रायलसीमा प्रांत में जमीन की परतों से निकाले गए लंबे-चौड़े पत्थरों को गुसलखाने के पास डाल देते हैं। गुसलखाने में पत्थर बिछाते समय यह देखा जाता है कि पत्थरों के बीच में किसी भी प्रकार का जोड़ न हो। जिससे कि पानी जमीन पर न गिरे।
5. आने को।
6. बोरा।
7. रास्ता।
8. गोद।
9. मुख पर।
10. खून।
11. महल।
12. अस्तबल।
13. लक्ष्मण।
14. कमरबंद। कमर में पहननेवाला आभरण।
15. पेड़ के पीछे।
16. बाँस से बनायी गयी टोकरी।
17. मुख्य द्वार के पास आकर।
18. गरुड़।
19. रोक।
20. वस्तुएँ।
21. उगते समय।
22. गोविंद श्रीराम।
23. ब्राह्मणों को।
24. पुस्तकों को।

25. खम्मम जिले का बद्राचल तीर्थ स्थल।
26. विष्णु।
27. ब्रह्म।
28. अजगर।
29. भरत।
30. कायर।
31. कलिहानों में उपयोग करनेवाला छोटा द्वार।
32. ले जाकर।
33. क्षत्रिय कुल।
34. दादा।

सहायक ग्रंथ व पत्र-पत्रिकाएँ

(तेलुगु और हिंदी)

1. आधुनिकांध्र कवित्वमु-संप्रदायमुलु-प्रयोगमुल, आचार्य सी. नारायण रेड्डी, द्वितीय संस्करण, आंध्रबुक डिस्ट्रीब्यूटर्स, सिकंदराबाद, 1977
2. ग्रामीण संस्कृति (अनंतपुर जानपद गेयालु), डॉ.सी. कृष्णा रेड्डी, जानपद युव कलाकारुल संघम, सुब्बाराव पेट, अनंतपुरम, प्रथम संस्करण, 1987
3. जातिकि प्रतिबिंबमु-जानपद साहित्यमु, डॉ.यस.गंगप्पा, शशि प्रचुरणलु, गुंटूर, प्रथम संस्करण, 1984
4. जानपद कला संपदा, आचार्य तूमाटि द्रोणप्पा, प्रवर्धन पब्लिकेशन्ज, हैदराबाद, द्वितीय संस्करण, 1987
5. जानपद गेयालु (रेंडव संपुटि), एल्लोरा, विशालांध्र, नवीन विज्ञान प्रचुरणा, प्रथम संस्करण, 1959
6. जानपद गेय वाङ्मय परिचयमु, श्री हरि आदिशेषुवु, नवीन विज्ञान प्रचुरणा, प्रथम संस्करण, 1954
7. जानपद साहित्यमु, एल्लोरा, दीप्ति पब्लिकेशन्स, हैदराबाद, प्रथम संस्करण, 1982
8. जानपद साहित्य स्वरूपमु, डॉ. आर.वी.यस. सुंदरमु, जानपद विज्ञान भारती, बेंगलूर, प्रथम संस्करण, 1976
9. तेलुगु जानपद गेय गाथलु, आचार्य नायनी कृष्णकुमारी, नागलक्ष्मि आर्ट प्रिंटर्स, हैदराबाद, प्रथम संस्करण, 1977
10. तेलुगु जानपद गेय साहित्यमु, आचार्य बिरुदुराजु राम राजु, आंध्र रचइतल संघम, हैदराबाद, प्रथम संस्करण, 1958
11. तेलुगु जानपद साहित्यमु-पुरागाथलु, डॉ. रावि प्रेमलता, हैदराबाद, प्रथम संस्करण, 1983
12. मधुर कवितलु, एल्लोरा, प्रथम संस्करण, 1961
13. श्रीमद्रामायणमु, वाल्मीकि।
14. स्त्रील पाटलु, अनंतपुर मंडलमु, डॉ. जी.यस. मोहन, श्रीनिवास पब्लिकेशन्स, कल्याण दुर्गमु, प्रथम संस्करण, 1982
15. स्त्रीला रामायणपु पाटलु, संपा. श्रीकृष्णश्री, आंध्र सारस्वत परिषद्, हैदराबाद, प्रथम संस्करण, 1955
16. लोक साहित्य का अध्ययन, डॉ. त्रिलोचन पांडेय, लोक भारती प्रकाशन, इलाहबाद, प्रथम संस्करण, 1978
17. भारती (साहित्यिक पत्रिका) -विजय-श्रावणमु।

❑❑